JN216558

ねこと暮らす家づくり

金巻とも子

はじめに

空前のねこブームと言われる昨今、数あるねこ本の中から、本書をお手に取ってくださり、ありがとうございます。建築士・家庭動物住環境研究家の金巻とも子と申します。

私は、建築士として設計業務に従事しながら、現在も大学に在籍し、住環境の研究をしています。そこでは人間だけでなく「家庭で暮らす動物」の心と体の健康にもよい、しつけ方にも差が出るような住まいを追求しています。

集合住宅や住宅密集地での「ペットトラブル」に長年取り組み、たくさんのお宅を訪問してきました。動物との暮らしでお悩みの方々に、家族としてできること、住まいの改善策を指導しています。

ねこを飼っている方の多くは、わが子のように飼いねこを愛しています。ねこによる室内の傷や汚れなどに困りつつも、それにどうにか対処しようと努力なさっています。

ですが、努力の方向性がちょっと違うなぁと感じることもあります。

「ねこが壁で爪をとぐから、建材でブロックしよう」

——それで問題は解決するでしょうか？　ねこの行動には、必ず何か理由があるはずです。

「おしゃれなデザインのねこウォークをつくろう」

——本当にねこの希望なのでしょうか？　ねこにだって、いろいろニーズがあるのです。


人の性格や行動パターンは「環境」によってつくられる、とよく言われますが、家庭にいるねこにとっても同じ。家ねこにとっての環境とは、大部分が「家族」です。

でもねこと人間は、心も体もまったく異なる生き物。例えばねこにとっては、人間はとっても大きくて、想いを伝えるのも難しい。大好きだし、一緒にもっと遊びたいけれど、ときどき大きな動きや音を出されて、びっくりすることもある……。

「ねこの目線」になって考えることなく、ねこの生活に対して、人間発想の物理的な手段だけで向き合う。これでは単なる一時しのぎや、人間の思いあがりになりがちです。

まずは「ねこの目線」になって考えてみること。そして、ねこの目線から「家族との暮らし」を考えてみることが肝心です。

ねこだって飼い主が大好きですし、たくさんふれあいたいもの。ねこ目線をふまえつつ、家族と一緒に楽しめる。そんな住空間の工夫なら、ねこも大歓迎♪

住環境を整備するにも「ねこをどう遊ばせるか？」だけでなくて「もっと一緒に生活を楽しもう」という気持ちが大切ですよ。

本書では、私がねこ用環境設計を担当させていただいたお施主様がたに、撮影にご協力いただきました。それぞれのお宅のねこと家族の暮らしぶりを、2匹の相棒「マメ」「ふく」と暮らす拙宅とあわせてぜひご覧ください。

かわいいねこさんたちの多彩な表情にほっこりしつつ、住環境の面でも、コミュニケーションの面でも、本書がねことより楽しく暮らすための一助になれば幸いです。

ねこと暮らす家づくり　目次

はじめに　002

第1章　ねこと幸せに暮らす基本ルール

「完全室内飼育」を前提に、室内を「立体的」に使ったねこの空間を

・ねこの幸せのためには「完全室内飼育」が基本　018
・広くなくても、ねこが室内を「立体的」に、人の動きも楽しめればOK！　020

ねこの「心と体」を理解してねこにも人にも優しい空間づくりを

・人間社会や近隣の「音」「におい」に配慮を　022
・「人間目線」と「ねこ目線」は全然違う！　024
・ねこの「習性」をふまえた住環境づくりを　026
・飼い主が「ねこアレルギー」にならない工夫も大切　029

ねこの社会と コミュニケーションを理解しよう

・ねこにとって「飼い主」の存在とは？　030

・複数飼いの家では「ねこ同士の社会」に配慮を　032
・多頭飼いは本来4匹まで、ベストは3匹　034

ねこの居住スペースを明確化することが大切

・ねこの「禁止エリア」　035
・「OKゾーン」「NGゾーン」が、ねこにも明確にわかるように　037
・ねこに必要な生活スペースはどのくらい？　038
・ねこの好きな場所を知っておこう　038
・ねこの嫌いな場所は「うるさい」「汚い」「暑い」がキーワード　040

ねことの向き合い方、自分との向き合い方

・ねこの行動は、「環境」や「人」に起因する　041
・ねこも家族も家もよろこぶ暮らしを　042

第2章

ねこの必須アメニティ・アイテム

ねこのトイレは健康のためにも万全に

・ねこの「腎不全」を防ぐためにも、トイレ整備と排泄チェックを　046
・キレイ好きなねこにも満足のトイレを　047
・ねこが安心するトイレの場所は　048

ねこを健やかに育むごはん置き場と水飲み場

・「ごはん置き場」は、ねこの食事状況を把握できるように 050
・犬も飼っている場合のねこのごはん管理は 051
・ねこには「水分補給」を促す工夫が必要! 052

ねこが満足する 爪とぎ器

・爪とぎ器は「置き場所」を間違えると意味がない! 054
・ねこが気持ちよく使える爪とぎ器とは 057

ねこの繊細な心を守る寝床や隠れ家を

・ねこには「緩衝空間」が必要 060
・ねこが安眠できる場所は 062
・お気に入りの「ベッド」を見つけよう 062
・どうしても寝室で一緒に眠りたい場合は 064
・「クレート」や「キャリーケース」は隠れ家にぴったり! 066
・ねこにも災害の備えが必要 068

ねこの脱走・侵入を防ぐ ペットゲート

・ペットゲートは、思わぬ〝抜け穴〟に注意! 071
・ペットゲートの「飛び越え」を防ぐには 072
・ねこにケージは必要? 073

第3章

ねこの心と体がよろこぶ「ねこアスレチック」

ねこアスレチックを作る前に理解しておきたいこと

・「家具だけ」でもねこアスレチックは作れる！　076
・設置工事をすれば良いとは限らない　080
・あくまでも「飼い主とのふれあい」の中で楽しんでもらう　081

ねこアスレチックを企画しよう！

・まずはねこにとっての「魅力ポイント」を考える　082
・魅力ポイントをふまえて「ストーリー」を考える　084
・わが家の個性を活かしてストーリーを　086

ねこの通路「ねこウォーク」

・ねこウォークの「高さ」は、掃除のことも考えて　089
・設置場所の基本ポイントをおさえよう　090
・「死角」も必要　092
・通路の両端に「昇降台」を　094
・ねこウォークの構造は、ねこの安全と社会に配慮を　095
・複数飼いなら、途中に「横道」を設ける　096
・長いほど良いわけではない！　097

・全力ダッシュを防ぐ「ねこ留まりＢＯＸ」　098
・「ねこ留まりＢＯＸ」で家族との絆をの～んびり深める　100
・「ねこ留まりＢＯＸ」を設置しよう　101
・家具でねこウォークを作るなら　102
・ねこウォークのそばの「照明」に注意　103
・「テレビ」からはできるだけ離す！　104

ねこの階段「ねこステップ」

・ねこが嬉しいステップ　105
・ステップの設置場所　106
・ねこに必要な「ステップ運動」とは　108
・ねこの「体の動き」をふまえて、ステップを並べよう　110
・ねこステップの「段差」は　111
・「老化」を想定して計画　111
・子ねこのうちは、飼い主の保護下で学習させよう　114
・ステップのサイズと耐荷重　114
・「ＤＩＹ」でねこステップを作るなら　116

ねこの登り台「ねこタワー」

・市販のねこタワーを選ぶなら　120
・柱部分には爪とぎ用の素材を　121

ねこのための小さな窓「ねこスルー」「ねこドア」
・「ねこスルー」でねこの動線をスムーズに 122
・ねこのNGゾーンでも「ねこ窓・ねこドア」を付ければ気配を感じられる 123
・ねこ窓の寸法は 123

第4章 住環境の注意ポイント

ねこの脱走を防ぐには「開口部」の工夫を
・玄関、バルコニー、窓は、ねこの脱走や飛び出しに注意 126
・音やにおいを防ぐ 127
ねこの注目スポット「玄関」は念入りに対策を
・帰宅したら、家に上がる前に消臭を 128
・ゲートなどを利用し、玄関の外に飛び出さない工夫を 130
「ドア」はねこが自分で開けることもできる！
・ドアノブの形や開閉方向によっては、ねこがドアを開けることも 132
・ドアノブやドアの形を工夫すれば、ねこが開けられないように 133
窓と網戸は セットで徹底対策！

・1階の窓辺は、外のねこにも注意を　134
・「網戸」の破壊防止　134
・網戸は「柵」などで守るのが確実　136

ねこが安心して楽しめる空間づくりを

・バルコニーにはねこを出さないか、中庭などで遊ばせる手も　137
・ねこ用バルコニーを作ってとことん遊ばせるのもあり！　138
・「カーテン」はねこのいたずら対策とともに、防音対策も有効　139

「空気環境」を整えてねこも人も快適な住まいに

・「換気」は大切だが、外からの音やにおいの侵入には注意を　140
・「換気口」を工夫して、外の音やにおいを防ぐ　142

正しい「温度管理」で暑がりなねこにも快適な住まいを

・暖房機器は、暑がりなねこに配慮したものを　143
・夏は冷房の使用とともに、停電なども想定した暑さ対策を　144

「壁材」を賢く選んで汚れ＆ねこアレルギー対策を

・「調湿建材」は、ねこにうれしい効果がいっぱい！　147
・ねこが傷つけやすい壁の下側には「腰壁」なども　148

「床材」によって掃除のしやすさに差が付く！

・「撥水性」を最重視しつつ、バリアフリー用のフローリングなどを　150
・「ワックス」で、ねこスペースの撥水性を維持する　152

キッチンの危険から愛猫を守る！

・「キッチン」にはねこへの危険な誘惑がいっぱい！　153
・ねこを「火傷」から守る　154
・「洗剤」からねこを守る　156
・「しまう収納」が基本ルール　156
・ねこが動かせる物を出しておくなら、「障害物」を置く　157
・広すぎる収納スペースには注意を　158
・有害フードからねこを守るには　160

インテリアも ねこへの優しさを考えよう

・「ファブリック」は防音のためにも必要　161
・植物や香りアイテムは、ねこには毒性が強いものも　162

おわりに　165

在宅
在宅
外出

第1章

ねこと幸せに暮らす基本ルール

「完全室内飼育」を前提に室内を「立体的」に使ったねこの空間を

ねこの幸せのためには「完全室内飼育」が基本

「飼いねこは、自由気ままに家と外を行き来するもの」。そんなイメージをお持ちの方も多いかもしれませんね。

しかし近年は、交通事故や感染症、よその敷地内での排泄トラブルなどを避けるために「完全室内飼育」が推奨されています。

「うちは田舎だから外に出しても平気でしょう」と安心してはいけません。田畑でねこが農薬を舐めてしまった、芝生を歩いて除草剤が足にくっつき、毛づくろいによって間接的に舐めてしまった……なんてこともあるのです。

「家に閉じこめるのはかわいそう」と思うかもしれませんが、ねこは縄張り意識が強い動物。室内飼育を徹底し、外の世界を一度も教えなければ、むしろテリトリーを離れて外に出ることを

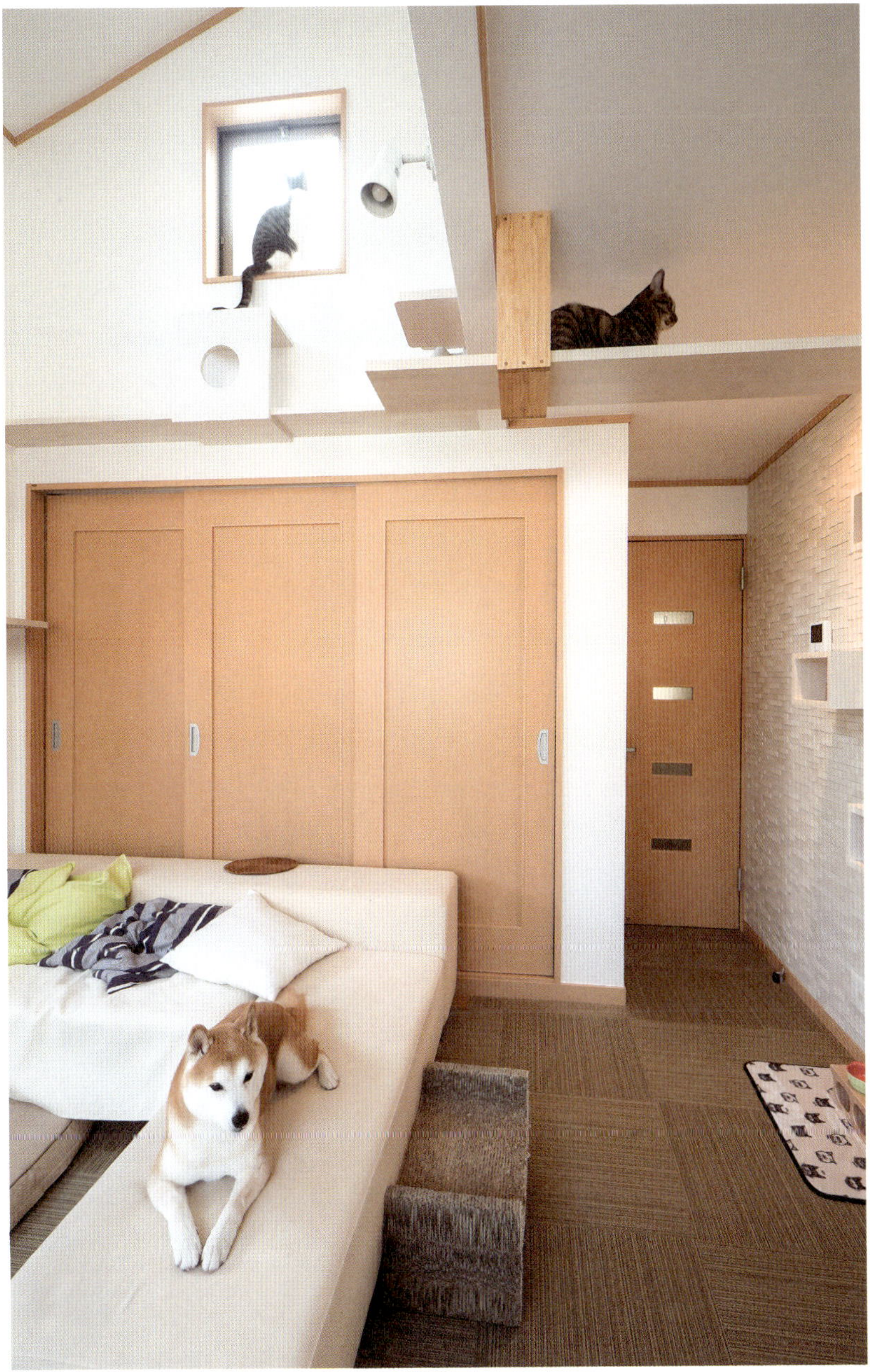

嫌がるものです。そういった意味では、室内飼育がしやすい動物と言えますよ。

広くなくても、ねこが室内を「立体的」に、人の動きも楽しめればOK！

完全室内飼育となると、ねこの運動不足やストレスが心配になるかもしれませんが、工夫をすれば大丈夫！　ねこはもともと、木の上で待ち伏せをして、獲物を捕らえていた「狩猟動物」です。空間を上下左右へと立体的に使って暮らします。よってねこにとっては、広さ以上に「高さ」を楽しめることが大切なのです。

ですから、室内全体を「立体的」に使って、ねこの住空間をプランニングしましょう。運動量もきちんと確保できますし、広い家でなくてもねこは充分楽しむことができます。

また、ほどよい刺激も必要です。ねこは好奇心旺盛で、動くものが大好き！　縄張り内のいろんな物に興味を持ちます。実は人も「動くもの」。それに大好きな相手ですね。人はただ生活しているだけでも、毎回違う動きをします。そして、ちょっかいを出せばうれしそうに反応してくれる、相当面白いアイテムなのです。お部屋の外なんかよりも、もっと面白いものがお部

屋にあるということに気がついてください。アナタがねこにとって一番の「宝物」「面白いもの」なのです。アナタがただ日常生活を送るだけでイベントは起きています。「お部屋の中のイベント（人の動き）を楽しませる」という工夫をしてみましょう。

それが、ねこの心と体の運動不足を防ぎ、もっとアナタとねことの絆を深められるコツです。ねこの反応も見ながら、ワクワクを引き出しましょう。

ねこの「心と体」を理解して ねこにも人にも優しい空間づくりを

人間社会や近隣の「音」「におい」に配慮を

古来、ねこは群れではなく単独で生き、木の上で敵から身を守りながら、獲物を捕る生活を送っていました。そのため、とても「警戒心」の強い遺伝子が受け継がれています。特にメス

は子どもを守る必要があるため、外部の侵入者などをオス以上に警戒します。
　ねこは「聴覚」が発達しており、人間には聴こえない高音域も聴こえます。20m先のネズミの足音まで聴こえる、とも言われているほど。私たち人間よりも多くの音が聴こえているので、声や音に敏感に反応し、騒がしい人や物音は嫌います。
「嗅覚」も優秀で、人間の数万〜数十万倍と言われます。

飼い主が外出から帰ったときのにおい、外のねこのにおいなど、人間には感知できない微細なにおいもキャッチします。

聴覚や嗅覚が発達しているうえに、警戒心が強いので、嫌な音やにおいを察知するとストレスを感じます。室内で騒いだり、困った行動を起こしたりすることも。

ですからねこの空間を考えるときは、まずは「家族や近所の動き」と、それに伴って発生する「音」や「におい」を分析しましょう。あるいはねこに配慮して、人側が入口からの動線などを工夫するかです。そのうえでねこの生活空間を決定し、ねこと飼い主の双方にとって快適な建材を選びます。

「人間目線」と「ねこ目線」は全然違う！

ねこと人間は、まったく異なる生き物です。人間目線だけで考えると、ねこにとっては生きづらい空間になりかねません。

例えば、ガラスや透明のアクリルで作ったねこのアスレチック。「透明だとおしゃれ」「ねこのおなかの裏などが見えて楽しい」といった狙いのようですが、これはねこの目線を忘れている典型例。

もともと夜行性の狩猟動物であるねこは、暗い場所でものを見たり、動くものを認識したりするのは得意です。「動いているもの」なら、50m先であっても捉えられると言われています。でも視力自体は弱く、人間の1／10程度しかないので、透明のインテリアはねこには見えません。

ねこのヒゲや足元の長い毛は「センサー」になっていて、物体との距離感や風向きなど、さまざまな情報を感知します。そのおかげで、慣れれば透明でも認識できるようにはなりますが、のびのびと遊ぶことはできないのです。

「吊り橋通路」なども、ねこは足下が不安定な場所が怖いので、まったく嬉しくありません。人間の「ねこがよろこぶだろう」という思い込みにすぎないのです。

人間の発想だけで決めるのではなく、ねこ目線で考えることを忘れないようにしたいですね。

ねこの「習性」をふまえた住環境づくりを

ねことの暮らしで必須なのが、ねこ特有の習性や生理現象をふまえて計画すること。住まいに直接的に影響するのは、次のようなものです。

◉爪とぎ

ねこの爪は、薄い層が重なってできています。ねこがガリガリと爪をとぐのは、古くなった爪の外側の層をはがし、常に新しい爪をむき出しにするため。これは「マーキング」も兼ねており、肉球の汗腺から分泌される「におい物質」をこすりつけて、自分の縄張りを主張しているのです。また、爪を刺激して脳をリフレッシュする、ストレスを発散するなどの目的もあります。

◉毛づくろい

ねこはもともと狩猟動物です。獲物や敵に自分のにおいを悟られないように、自分の体を舐める「グルーミング（毛づくろい）」という行為をします。

舐めることで精神的に癒されたり、皮膚の代謝を高めたりなどの効果も。

◉吐き戻し

人間同様に、食べ過ぎたときに吐くだけでなく「毛づくろい」によって飲み込んだ毛をちょくちょく吐き出す「吐き戻し」という生理現象があります。

◉スプレー

自分の縄張りを主張するために、壁に向けておしっこをスプレーのように吹きかけることがあります。おもにオスねこに見られ、去勢（メスの場合は避妊）をするとだいぶ落ち着きます。

しかし多頭飼育されているコや、神経質な性格のコの場合、ちょっとした環境の不安からスプレーをしてしまうことも。

通常のおしっこと違って、まさにスプレーのように吹き付けるので、ねこの体高（床についた前足から肩まで）より高い場所にもおしっこがかかってしまいます。

飼い主が「ねこアレルギー」にならない工夫も大切

前述の毛づくろいを行なうと、ねこの毛に唾液が付き、唾液に含まれる「タンパク質」が乾燥すると空気中に飛散します。このタンパク質は、人間にとってアレルギーの原因となる物質です。ねこアレルギーの主要アレルゲンは「Ｆｅｌ Ｄ１」という微粒子で、空間に長時間浮遊できます。ねこの生活スペースには、このアレルゲンがたくさん浮遊しているのです。

人間には、物質を体内で受け止められる「限界量」があります。アレルギー物質をたくさん吸収すると、いつか限界量を超え、ねこアレルギーを発症するおそれがあります。だから、ねこをたくさん、そして長い期間にわたって飼っているほどねこアレルギーになりやすいのですね。

ねこと寄り添って暮らすためには、掃除をしやすい環境にする、空間によってはねこを立ち入らせないなど、〝ねこかわいがり〟するだけでなく現実的な対策をする必要があります。

ねこの社会とコミュニケーションを理解しよう

ねこにとって「飼い主」の存在とは?

ねこはテリトリー意識が強い動物である一方、人間と絆を深めるのが大好き! 飼い主を母ねこのように思うコもいます。とはいえ、ねこにとって人間は巨大な生き物。ねこから見ると人間の顔はものすごく高い場所にあるので、表情から飼い主の気持ちを読み取ろうとしても、かなりの努力が必要です。だから人の顔の高さの場所に飛び乗ったり、鳴いて振り向かせようとしたりすることもあるのですね。

ねこ同士の挨拶は、首から上だけで行なうもの。お互いの鼻を近づけて、クンクンと口周りのにおいを嗅ぎあいます。その後、全身のにおいをチェックし、自分の立場が下と認めたコは、相手に自分のお尻のにおいを嗅いでもらいます。

人間はねこをぎゅっと抱きしめたりしますが、これは「猿」と同じ愛情表現。ねこにとっては、うれしくないのです。でも飼い主が大好きだから、じっと我慢してくれるのですね。飼い

主が手を伸ばしても、心に余裕がないときには、逃げたり噛んだりすることもあります。

ねこにしてみれば、人間は「巨大な猿」のようなもの。共に暮らす中で、ねこにとって我慢を強いられることも多いのです。こうしたねこの気持ちを理解したうえで、その我慢を少しでも減らせるように住空間を整えたいものですね。

複数飼いの家では「ねこ同士の社会」に配慮を

ねこは基本的に単独生活を好み、自分だけの空間を大切にする動物です。「1匹じゃ寂しいだろう」と思う飼い主は多いですが、そんなことはありません。

とはいえ「社会性」もあり、親子をはじめ、気の合う仲間とは共同生活も楽しみますよ。

3匹以上の多頭飼育になると「ねこたちだけの社会」も生まれます。だいたい3匹ごとに「グループ」に分かれることが多いので、4匹以上になると2つ以上のグループが生まれる可能性が高いと言えます。同じグループの仲間同士なら、共通のトイレやベッドを使うことに抵抗がなく、一緒の空間で過ごしてもストレスが比較的少ないと考えられています。

しかし違うグループのねこと同じ空間で暮らすと、縄張りの主張やストレス発散のために、爪とぎやにおい付けなどの困った問題が増えるおそれがあります。よって、専有できる別空間を用意する必要があります。「ねこの数が増えるほど空間配分が難しくなる」と心得ましょう。

ただし2匹や3匹でも、仲がしっくりいかないなら「別のグループ」。人間がねこたちの仲を取り持つことはできないので、無理に仲良くさせようとしたり、同じ空間に入れたりせず、それぞれのグループに空間を用意しましょう。

多頭飼いは本来4匹まで、ベストは3匹

5匹以上になると、グループに関係なく全メンバーの中で特定の1匹が劣勢になる「パリア（仲間はずれ）」というポジションのコが発生してしまいます。ボスねこをはじめみんなに牽制され、パリアのコは他のねこたちと同じ場所にいられません。だから、ごはんもなかなか食べられませんし、みんなが来ないような窮屈な場所に避難したり、ねこウォークなどから降りてこられないこともあります。

より深刻になると、ねこウォーク内で自分の居場所を確保し、食事も排泄も全部そこで済ますようになります。飼い主としても過酷な状態になりかねません。

たくさん飼いたくなる気持ちはわかりますが、本来はどんなに多くても4匹までなのです。すでに5匹以上飼っているお宅では、今何もないと「うちは大丈夫」と思いがちですが、いつか

爆発する爆弾を抱えて生活しているようなものです。ねこたちの社会と空間配分を、改めて見直してみてください。

ねこの居住スペースを明確化することが大切

ねこの「禁止エリア」

ねこの生活空間について「家中を自由に歩かせてあげたい」と考える飼い主は多いですが、ねこの安全や家族の健康のために、次のスペースには入らせないほうが賢明です。

◉キッチン

火の元や刃物、ねこにとって有害な飲食物、洗剤などがあります。

◉浴室・洗面所

シャンプーなどの洗剤類を舐めると危険です。またねこが湯船に落ちたり、洗濯機の中に入ってしまう事故も起きています。

◉寝室

体を一晩中ゆだねる布団は、特に清潔に保ちたいアイテム。しかし、ファブリックはねこの毛（＝アレルギー物質が付いている）が付着しやすいので、ねこアレルギーの発症を防ぐためにも、寝室にはできればねこを入れないのが望ましいです。

◉納戸

食品などもあり、空気の流れもあまりよくないため、衛生的にしておきましょう。物が詰まっていて、ねこにとっては探検するのに面白く、ひっかき回されるので要注意箇所です。

◉バルコニー

一番の危険箇所です。飛び乗るにはちょうどよい高さの手すり壁。その向こうに何もないことをねこは知りません。飛び乗っての転落事故も多いのです。マンションの低層階だからと安心は禁物。逆に鳥などの動くものが間近になるので、飛びかかる衝動を起こさせ危険です。

「OKゾーン」「NGゾーン」が、ねこにも明確にわかるように

以上のようなねこの立ち入り禁止エリアは、扉やペットゲート（P71参照）で制限して、「入ってOKな場所」「入ったらNGな場所」をねこが明確に区別できるようにしましょう。

もともと狩猟動物であるねこは、普段入らない場所はのぞきたくなるもの。浴室や洗面所などは、危ないものを片付け、飼い主の立ち会いのもと週1回くらい入らせてあげる日を設けるのもおすすめ。ねこにとっても良い刺激になりますよ。

ねこに必要な生活スペースはどのくらい？

ねことしての理想は、生活空間が2カ所以上あること。部屋数で言うと「頭数（またはグループ数）＋1」が目安です。とはいえ、部屋数が少し足りないくらいなら大丈夫。前述のように、室内を立体的に使って、ねこの心と体を満たすように工夫すれば、満足度を高めることができますよ。

ねこの好きな場所を知っておこう

ねこはもともと森林で暮らし、木の幹にあるホラで休んでいたと言われています。そこは外敵から身を守り、上から獲物を捕らえるのにも格好の場所でした。その名残から、ねこは「高い場所」「暗い場所」「狭い場所」にいると安心する性質があります。来客や大きな音などに驚くと、こうした隠れ家に避難します。

高い場所は、ねこにとっては「見張り台」のようなもの。警戒しているときは、基本的に相手を上から観察したがります。ねこ社会では、高い場所にいるねこのほうが有利。そのため特

に多頭飼いのねこは、高い場所に上ることが多くなります。

一方で好奇心旺盛でもあり、動くものに興味津々。季節を感じたり不思議なにおいが訪れる「窓」はお気に入りです。また、適度に「温かい場所」を好み、出窓などで日向ぼっこをするのも大好きです。

ねこの嫌いな場所は「うるさい」「汚い」「暑い」がキーワード

前述のように、ねこは聴覚に優れているので「うるさい場所」は嫌いです。近隣からの犬やねこの声、子どもの騒ぎ声などが大きいとストレスになるので、住居探しの際は周辺環境もチェックする必要があります。室内でも、人の往来の多い場所などは落ち着けません。

また嗅覚が敏感なうえに、毛づくろいのページでもお伝えしたように、自分のにおいや排泄物を残すことを嫌います。とても「きれい好き」なので、汚い場所も嫌いですよ。

もうひとつ。ねこは体毛に覆われているので、「暑い場所」が苦手。人間のようには汗腺が発達しておらず、肉球にしか汗をかかないので、熱を体外に逃すのが不得意なのです。

そのため体温を下げるには、冷たい場所におなかを当てるなどします。肉球に汗をかいている場合も、かなり暑いと判断できます。犬のように口を大きく開けてハアハアと呼吸する「パンティング」をねこがやっていたら、異常な緊張か興奮、または危険なほどに暑いサイン。犬と同じレベルで考えてはいけません。

ねことの向き合い方 自分との向き合い方

ねこの行動は、「環境」や「人」に起因する

ねこの破壊や警戒行動に困り、住環境が傷つかないようにカバーなどで対処する方がいます。しかし、それでは一時しのぎにしかなりません。第一に行なうべきは「その行動の原因は何か？」「自分の接し方に問題はないか？」などと考え、根本原因を改善することです。

ねこの性格や行動の大部分は「環境」によって形成されます。妙に臆病だったり攻撃的な様子があるなら、環境に何か原因があるはずです。

この環境とは、文字通りの住環境のことだけではありません。普段接している「家族」も大きな割合を占めます。これは、飼い主の人柄やねこへの接し方だけでなく、「家の中でどのように暮らしているのか」も重要なのです。

ねこも家族も家もよろこぶ暮らしを

「ねこと暮らす以上、家が汚いのは仕方ない」「掃除がつらいけど、このコのためにしょうがない」――そんなふうに自分が〝我慢〟をすることが当たり前になっているなら、どうか今日から意識を改めてください。

ねこを大切に想う気持ちはわかりますが、その結果として飼い主の苦労やストレスが募ることは、本人や家族はもちろん、ねこにとってもマイナスなのです。

例えば、掃除がしにくい高い場所にねこウォークを設置した結果、干からびるまでねこゲロに気づかなかったりしていつもイライラしながら掃除をし、バタバタと慌ただしく動き回っている。こうした飼い主の〝空気〟をねこは察知し、落ち着きがなくなるのです。これが積み重なると、性格的にも落ち着きがなくなります。

だからこそ重要なのが、家族が家事やねこのケアを〝楽〟に、できれば楽しく行なうこと。高所にあるねこウォークは、単に高いところに駆け上る運動設備や落ちつく場所ではなく、ねこが人とのふれあいをしやすいステージにもなっています。そして、人との意思疎通がはかりやすく絆が深められるそのステージは、ねこが使っていて美しいインテリアとしても成り立っているのです。

こうして、飼い主が楽しく落ち着きのある所作で暮らしていると、ねこも落ち着いてのびのびと楽しめます。そんなねこを見て、飼い主も満足できるという〝好循環〟が生まれるのです。過不足なくねこに必要な物が必要な場所にあり、ねこがリラックスできれば、家に傷や汚れを付けられることも減ります。また飼い主が家事を楽にできると、手入れがよく行き届きます。ねこのための工夫が、美しいインテリアとして成り立っていれば、住宅の資産価値や住まいへの満足度も高まります。

すなわちねこ、家族、住宅の三者にとっての〝楽〟につながるのです。私はこれを「三楽暮（さんらく）」と呼んでいます。三者それぞれが、犠牲や我慢を強いられることなく、楽しく暮らせる。そんな暮らしを目指しましょう。

第2章

ねこの必須アメニティ・アイテム

ねこのトイレは健康のためにも万全に

ねこの「腎不全」を防ぐためにも、トイレ整備と排泄チェックを

ねこの祖先「ヤマネコ」は、砂漠で暮らしていました。それゆえ、ねこは水をあまり飲まなくても生きることができ、尿が少なめです。そのせいで「腎臓」を悪くしやすいのです。腎不全を患っているねこはとても多く、特に老猫ではかなりの割合になります。

ねこはもともと尿が少ないので、トイレが不快な場所だと、行くのを我慢できてしまいます。これが腎臓疾患につながってしまうので、ねこが気持ちよく排泄できる環境を整えたいですね。

また、日頃の〝排泄チェック〟も欠かせません。例えば急に尿の量が増えたら、腎臓の危険信号。尿が少ない、ウンチが硬いなどは水不足のサイン。トイレの前後に、いわゆる〝トイレハイ〟で走り回るねこは多いですが、おなかが痛くて走り回っている場合もあります。排泄中に大きな声を出しているのも痛みのサイン。

愛ねこが安心できるトイレ環境を整えるとともに、普段からおしっこやウンチ、排泄時の様子をきちんと観察しましょう。それが病気予防や早期治療につながるのです。

キレイ好きなねこにも満足のトイレを

ねこはトイレのしつけが比較的しやすい動物です。砂や柔らかい土の感触に似たスペースをつくってあげれば、そこを自主的にトイレとして使うようになります。キレイ好きなので、清潔に保つのはもちろん、ねこの好みにあったトイレを用意してあげましょう。

ねこは自分のにおいを敵に察知されるのを防ぐために、おしっこをしたら足で砂をかけて隠す習性があります。「トイレトレー」は、砂が飛び散るのを少なくするために、深型のものがお勧め。1辺がねこの体長の1・5倍程度あり、中で回れるくらいの広さが必要です。またトイレ入口には、砂の飛散防止用のマットを敷きましょう。

「ねこ砂」はねこそれぞれ好みがあるので、いくつか試して反応を観察してみるとよいですよ。

ねこが安心するトイレの場所は

トイレの数は、最低でも1匹（または1グループ）につき1カ所以上が必要。ベストは「頭数＋1」カ所です。

設置場所でNGなのは、「におい」が他の空間に流れやすい場所や、「周囲の動き」が気になってねこが安心して用を足せない場所。例えば玄関、ドア、窓の近くなどです。

ベストは、「換気扇」のあるトイレや洗面所の近くで、人通りの少ない「囲み」のある場所です（あまりに小さいと今度はトイレと認識できません）。

ただし、ねこは寒さに弱いもの。トイレが寒い場所にあると、おしっこに行くのを我慢してしまいます。換気扇や囲みのあるナイススポットでも、冬に寒くなる場所は避けましょう。

わが家では人間が使うトイレの中にねこ用トイレ2個を置いています。ねこが自由に出入りできるように、トイレのドアにストッパーを付けて、常にドアを少し開けています（P49上）。

次ページ下の写真をご覧ください。こちらのお宅では、人間のトイレ前の壁を、ねこのトイレ兼収納スペースにしました。押入れのように2段にして、床側にねこのトイレを置いています。壁に囲まれているので、リビングからはトイレが見えません。壁にはねこスルー（P122

参照）を設置し、ねこがスムーズにまわりこめるようにしました。

上段はのれんで目隠しし、ねこのトイレ用品を収納。床に置いたトイレが汚れたら、段の上にトイレトレーを載せて、立った状態で楽に交換できます。

ねこを健やかに育む ごはん置き場と水飲み場

「ごはん置き場」は、ねこの食事状況を把握できるように

ねこは痛みなどの感覚が鈍いため、ケガや病気を自覚しづらく、我慢ができてしまうもの。愛ねこの健康状態を把握するために、食事や水分補給の様子を日々チェックすることが大切です。

ねこのごはん置き場は、飼い主の目が行き届きやすい場所を基本に、頭数分、用意するとよいでしょう。

2匹以上飼っているお宅では、ごはん置き場の高さ、トレーの形をねこごとに変えて、ねこが「自分の食事場所はココなんだな」と認識できるようにしましょう。ねこ同士に年齢差がある場合は、身体能力が低い老猫や子ねこが、無理のない高さの場所で食べるのが基本です。とはいえ飼い主が見ていないと、別のねこのごはんを食べてしまう子も。そうなると個々の食事量を把握しづらくなるほか、ごはんを取られた子は栄養不足に、取った子は食べ過ぎて肥満に……という可能性もあります。また、ねこの性別、年齢、健康状態などによって、別々のフードを与えたい場合も困りますね。

その場合は、その子ごとに部屋を別にして食事場所を確保しましょう。

犬も飼っている場合のごはん管理は

ねこと一緒に犬も飼っているお宅も、工夫が必要ですね。ねこはごはんを一度に完食せず、少し食べては残すという「ムラ食い」をします。一方、犬は出されたごはんを「一気食い」します。そのため、ねこのごはんが余っていると、犬が食べてしまうことも。

また、ねこ用のフードは高タンパクで脂質も高いので、犬にとっては美味しいのです。ちょっと食べるくらいなら平気ですが、継続的に食べ続けると栄養が不足することもあるので、保管にはくれぐれも注意を。

犬はねこのように高くジャンプしないので、犬のごはんは「低い場所」に、ねこのごはんは犬が届かないカウンターなどの「高めの場所」に置くと良いでしょう。

ねこには「水分補給」を促す工夫が必要！

「うちのねこはお風呂の水を飲むのよ」などと楽しそうに話す方もいます。たしかに水そのものが好きなねこや、蛇口から流れていないと「水」と認識できないコもいます。しかし実際には、水分補給が足りないせいで水場に来ている場合もあります。

前述のようにねこは水をあまり飲まないので、腎不全や便秘になりやすいもの。ですからねこが水をきちんと飲むように、飼い主が誘導することが大切です。

また、多飲も腎不全や糖尿病の兆候です。飲量チェックもしやすいようにしておきましょう。

ごはんと一緒にセットした水飲み場のほかにも、ねこウォークや窓のそばなど、ねこがよく通るいろんなポイントに水飲み場を置きましょう。ごはん置き場まで行かなくても、普段の動きの中でねこがちょこちょこ水を飲むように誘導することが大切です。

ねこが満足する爪とぎ器

爪とぎ器は「置き場所」を間違えると意味がない！

第1章でお話ししたように、爪とぎはねこの健康に不可欠な行為なので、やめさせることは不可能です。しかし市販の「爪とぎ器」を設置し、ねこがそこで爪をとぐように誘導することは可能です。こうすることで、壁や家具での爪とぎは大幅に軽減できますよ。

「爪とぎ器を置いているのに、うちのコは壁で爪をといでしまうんです……」といったお悩みも聞きます。その場合、爪とぎ器の「設置場所」が適切でないか、「素材や大きさ」がそのコの好みに合っていない可能性があります。また、爪とぎということではなくとも、背伸びしているときに爪を出した手を壁について、さっくり壁に爪が刺さってしまうこともあるのです。

そもそも爪とぎをする目的は、古い爪をはがすことに加え、縄張りの主張やストレス発散のためでもあります。ですから「マーキングをする必要がある場所」「ストレスを感じやすい場所」などに、爪とぎ器を設置することが肝心！　具体的には次の場所です。

◉空間が切り替わる場所
（玄関、部屋の出入口、窓、高い場所への登り口、柱や曲がり角）

これらは、ねこの縄張りと外界の「境界線」となる場所。特に、玄関は飼い主の帰宅や来客によって「縄張りの外のにおい」が最初に持ち込まれる場所なので、爪とぎ器が必須！

「窓」のそばに爪とぎ器を置いていない場合、ねこは「網戸」で爪とぎをしてしまいます。その場合は窓のそばに爪とぎ器を置くことで、網戸の損傷は軽減できますよ。

人間目線だと忘れがちですが、ねこは室内を縦横無尽に動き回るので、「高さ」も空間が変わる要素。ねこウォークやタワーの登り口は、部屋の入口のようなものです。「柱」や「曲がり角」は、ねこにとっては回遊時に「進行方向を変えるポイント」です。

◉ねこの寝床やトイレのそば

多くのねこは、起床後すぐに伸びと爪とぎをするので、寝床の近くにも爪とぎを置いてあげましょう。トイレのそばも縄張りを主張したいポイントです。

◉飼い主がよく座っている場所

ねこが飼い主に体をこすりつけるのは愛情交換の行為です。自分のにおいを飼い主にくっつけて「僕（私）のだよ！」と主張しつつ、大好きな飼い主のにおいを自分にもくっつけているのですね。飼い主がよく座っているデスクやイスなどは、ねこが足先を揉むようにこすりつけて爪とぎに似たマーキングをしたがるポイント。傷を防ぐために、シートタイプの爪とぎなどを肘掛けなどに掛けるのもよいですよ。

ねこが気持ちよく使える爪とぎ器とは

爪とぎ器の素材はさまざまですが、定番なのは「段ボール」や「麻布」を重ね合わせたものです。「木材（針葉樹系）」や「カーペット生地」もあります。ただし、ねこによって素材の好き嫌いがあります。形状としては、床に置く立方体タイプ、ポールに麻布などを巻いたもの、壁の角に爪とぎ用の素材を貼ったものが多いでしょう。

また爪とぎのやり方は、立って上下にとぐのが好きなコ、床に向かってとぐのが好きなコなど個性があるもの。多頭飼いやオスのねこは、立ってとぐのが好きなコが多い傾向ですが、一概には言えません。そのため最適な爪とぎ器の形も、ねこによって異なります。いくつかの商品を試して、愛ねこの反応を観察するとよいでしょう。

床での爪とぎを好むコには、床に置く立方体タイプが適切ですが、この場合はほんの少し傾斜があるものだと使いやすいでしょう。最低でも、ねこが上に乗れるサイズ（縦40㎝×横20㎝以上）を確保してくださいね。

ベストなのは、もっと大きくて、置き方を変えれば床方向にも上下にもとげるもの。これなら「せっかく買ったのに、ねこの好みに合わずお蔵入り……」なんてことも避けられます。

寝床のそばに置く爪とぎは、基本的には立って研ぐタイプがおすすめ。起床後にする爪とぎは、伸びの運動も兼ねているからです。ねこが両手をのびのびと伸ばせる高さ（90㎝～）と横幅（40㎝～）があり、なおかつねこの体重をしっかりと支えられるものが理想です。そうすると、壁にさっくり爪が刺さる寝起きの背伸び行動も、こちらに誘導できます。

壁の角に爪とぎ用の素材を貼る場合は、下地となる1枚の長い板に、麻布などを巻きます。たるまないように、麻布の両端は釘やタッカー（工具用の大きなホチキス）で固定を。

どんなタイプの爪とぎ器にしろ、ねこが力を入れてといでもずれないように、しっかり「固定」することが大切。安定感がないと、ねこは他の場所で爪とぎをしてしまいます。

新しい爪とぎ器を用意したら、ねこの前足を持って優しく爪を出し、爪とぎ器に触れさせてその素材の感触を試してもらいましょう。

ねこの繊細な心を守る寝床や隠れ家を

ねこには「緩衝空間」が必要

ねこには「寝床」に加えて、「隠れ家」も必要です。隠れ家とは、慣れない来客があったり、家の中が騒がしかったりなど、心の動揺があった際に逃げ込む空間のこと。オープンタイプのベッドに加えて、寝るもよし、隠れるもよしの、箱状の隠れ家も用意しましょう。

「うちの子は隠れ家に入らない」「物音にすごく興奮する」といった場合は、その隠れ家が安心できる場所でないのかもしれません。例えば、隠れ家の前を人が頻繁に通るなど……。

家族の生活空間と、ねこの寝床や隠れ家の間には、一定の距離感を保つ「緩衝空間」が必要です。犬の場合は、お互いの間の平面距離が緩衝空間になりますが、ねこの場合は高さも重要です。また犬なら1カ所のハウスが基本ですが、ねこは気分によって場所を使い分けるので、複数の隠れ家が必要です。

緩衝空間について、リビングを例に考えてみましょう。まずリビング全体は、飼い主やねこなどの家族全員が暮らす「パブリックエリア」。ねこの隠れ家は「プライベートエリア」です。そしてパブリックエリアと、プライベートエリアの間を充分に設けた「緩衝空間」が効果的です。自分と相手の周囲の空間を確保するという「心理的縄張り（パーソナルスペース）」の概念にも沿っているように思います。

緩衝空間は、例えば次のように使われます。まず来客などに動揺すると、ねこは隠れ家に逃げ込みます。少し気持ちが落ち着いたら、様子を見るためにちょっと外に出てきます。ただしまだ警戒中なので、この時点では「一定の距離」を保ちたいのですね。様子をうかがいつつも、何かあったらすぐに隠れ家に戻れる。そんな場所で観察したいのです。そして「大丈夫そうだ」などと判断したら、パブリックエリアまで出てみます。

緩衝空間があると、このように段階を踏んで行動できるので安心です。これによって、ねこの勇気や好奇心をくじくことなく、未知の人やものにも前向きに向き合う手助けになります。

寝床や隠れ家を、本来の安心できるスペースにするために、まずは「緩衝空間を設ける」ということを念頭に置いておきましょう。

ねこが安眠できる場所は

緩衝空間を設けることをベースに、まずは寝床について考えてみましょう。

ねこが落ち着きたい場所は、そのときの感情や人間との関係性で変わります。飼い主が「ここで寝ようね」と指定しても、そこで寝てくれるものではありません。よって寝床の数は、ねこの「頭数＋1」カ所以上は必要です。高い場所、暗くて狭い場所など、タイプの違う寝床をいくつか用意しましょう。

設置場所の目安は「飼い主がよく過ごす定位置を、少し離れて見下ろせる場所」で、なおかつ「空間の隅」が理想的です。ただし、人の往来があるドアや階段のそばは、足音などで安眠できないのでNG。窓のそばも時間帯によって寒暖差が大きく、体に負担がかかるので避けましょう。

お気に入りの「ベッド」を見つけよう

ねこウォークなどの高い場所に置く寝床は、ねこに何かあった場合に備えて、飼い主がすぐに救出できる「オープンタイプ」のベッドを選びましょう。

日本人の動物観
日本の犬は幸せか
犬の権利 人の義務

一方、床などの低い場所に置く寝床は、オープンタイプだと落ち着いて眠れないので、屋根のある「囲みタイプ」が基本。このタイプは「隠れ家」としても使われます。

囲みタイプの寝床は熱がこもるので、冬には特に有効です。ねこは寒いのが苦手なので、冬になったら毛布を入れておくとよいでしょう。

サイズはねこによって好みがあります。とはいえ中で寝そべるので、大きすぎず小さすぎず、囲みタイプの場合は中でひと回りできて、頭がぶつからない程度の広さがほしいですね。

ねこは自分の寝床が気に入らない場合、ファブリックなどをガリガリ掘って、寝床を作ろうとすることがあります。こうした行動があれば「この場所に寝たいの？」「それとも、この素材が好き？」などと、ねこと相談しながら分析しましょう。そして分析結果に基づいて、いくつかトライすることが大切。ねこは正直に反応してくれるので、比較的わかりやすいですよ。

どうしても寝室で一緒に眠りたい場合は

飼い主とねこが一緒の寝室で寝るのは、人間の健康のために本来NG。でも、子ねこや老猫はなるべくそばで見守りたいですし、「一緒に寝るのが至福」という方も多いでしょう。

その場合はまず、飼い主の布団は、花粉症などのアレルギー防止加工がされているものを選びます。アレルギー物質が付着しにくい生地になっているものです。そしてねこには、ねこ用のベッドを使ってもらいましょう。

ねこが好むのは、飼い主の「頭」に近い場所。頭皮は、においが強いからです。大好きな飼い主のにおいをまといつつ、自分のにおいもそこに付けたいのですね。ちなみに股や脇もねこの好きなポイントなので、気付けばそこにいることもありますよ。

寝室内のねこベッドは、飼い主の頭に近い位置に置くのがよいでしょう。飼い主のベッドや布団がそれなりに大きいなら、枕元にねこのベッドを置き、添い寝するような形にしてもOK。

添い寝する際のねこベッドは、座布団のような平坦なものよりも、窪みのあるタイプがおすすめ。窪みがあれば、ねこは自然とそこに納まるので、飼い主と一定の距離をキープでき、人の寝返りでつぶされる心配もなくなります。

「クレート」や「キャリーケース」は隠れ家にぴったり！

来客などがあった場合、ねこは「怖いけど見たい」という心理になることもあります。そんなときは、飼い主の足元に隠れつつ、同席しようとする子も。

ねこは飼い主の足元にいると安心するもの。ソファや椅子の下であっても、飼い主に守られているような形であれば、体の小さなねこにとっては安全な隠れ家になりますよ。

来客の多いお宅なら、飼い主の足元やテーブルの下に、隠れ家となるものを置いておくといいでしょう。段ボールでも良いですが、身を潜められるほうが安心なので、ねこ用の「キャリーケース」や「クレート」を、天井をふさいだ状態で入口を開けて置いておくのもおすすめ。ねこの体がすっぽり入る大きさなので、寝床や隠れ家にもピッタリなのです。

クレートなどを日常使いしていると、外に連れていくときも不安からの興奮を抑えることができ、病院でも正常時に近い状態で診察を受けられますよ。

ねこにも災害の備えが必要

ねこのキャリーケースやクレートは、災害時こそ真価を発揮します。

ねこには「地震が来たらテーブルの下に隠れる」なんて常識はないもの。災害時はおびえて走り回り、転倒した家具でケガをする、外に飛び出して行方不明になる、家の中にいても隠れて出てこない……なんてことがあります。

しかし普段から使っている一番安全な隠れ家があれば、ねこはまずそこに避難します。その避難場所がキャリーバッグやクレートなら、いち早く発見して避難ができると思いませんか？特に硬くて丈夫なクレートなら、落下物から身を守る効果もありおすすめです。

うちでは小さな押入れのような2段スペースをつくり、下側だけ扉を付けずに、ねこの隠れ家スペースにしてクレートを置いています。ほこらの中のさらにほこらになっているわけです。クレートの中のねこからすると、さらに上下の段の仕切り板が天井となるので、より万全に落下物を防ぐことができます。

災害に備えて防災グッズをまとめている方は多いと思いますが、ねこの食料なども忘れてはいけません。避難場所では、ペット用の支援物資はすぐには届かないので、最低でも2週間分

世界の多肉植物
HORSE CARE

は用意を。トイレの砂やシーツなども必要です（マンションなど建築構造によっては、無理に避難所に同伴させなくとも、自宅がねこのための避難所として機能することがあります）。

フードは消費期限に応じて取り換える必要があります。それゆえ、押入れの奥などにしまい込むと面倒です。

うちではクレートのそばに防災グッズを置いています。そして隠れ家スペースの上段だけ扉を付け、その中にねこ用品を収納しています。こうすると交換もラクですし、避難の際も、ねこの入ったクレートと防災グッズをすぐに持っていけます。

ただしねこは環境変化を嫌うので、現在使用中のベッドを急にクレートに交換すると、使わない可能性も。

まずは今使っているベッドの横にクレートを置き、扉を開けて自由に出入りできるようにしましょう。快適と感じれば、いつのまにか隠れ家やベッドとして使っていますよ。

ねこの脱走・侵入を防ぐ
ペットゲート

ペットゲートは、思わぬ〝抜け穴〟に注意！

犬と違ってゲートは腰高より天井まであるものが本来必要です。「ペットゲート」は格子状のものが多いですが、購入する際は格子をよくチェック！　ボーダー柄のように格子が横向きのものは、よじ登れるので、天井までのゲートでないと向こう側に飛び越えやすいのです。格子は、ストライプ柄のように「縦向き」に並んだものを選びましょう。

また、格子同士の間隔が広いと、ねこがそこに頭を挟んでしまう事故も起きています。頭が入らない程度に、格子の間隔が狭いものを選ぶことも重要です。

以上の条件を満たしていれば、人間用の「チャイルドゲート」で代用する手もなくはありません。ただし、チャイルドゲートの底辺と床の間には「隙間」があることが多いもの。人間の子どもでは通れない隙間ですが、小さなねこなら簡単にくぐり抜けられてしまいます。基本的にはペットゲートのほうが安心でしょう。

ペットゲートの「飛び越え」を防ぐには

ゲートを付けても、その前が比較的長くて一直線の廊下などだと、ねこがダダ～ッと助走して飛び越えてしまうことがあります。玄関は飼い主の出入りなどがあり「ねこの注目エリア」なので、特に飛び越えやすい場所です。

「ゲートでねこを制限すればいい」という考えではなく、まずは飼い主が「このゲートは、向こう側には行ってはダメという目印だからね」と、普段のしつけで徹底して認識させることが大切です。この認識さえできれば、床までの長さのカーテンをゲート代わりにしたり、腰高の低いゲートでも充分に機能しますよ。

ねこにケージは必要？

犬と違って、ねこは空間を立体的に動き回るので「ケージ」は必須ではありません。しかし子ねこがいるお宅では、家族の目が行き届かないときは、ケージに入れて子ねこを守らなくてはなりません。来客が多いお宅も、興奮した際に避難できる場所として、ケージを用意しておくのも手。その場合はタテ2段の大きめのケージを用意し、その中に深めのベッドや囲みのある隠れ家も入れましょう。

ケージは、ねこを叱ったり、閉じ込めたりするための道具ではありません。あくまでも、ねこを危険から守るため、心を落ち着けるために、自分から隠れる「盾」のようなものだと理解してくださいね。これはとても重要なことです。

第3章

ねこの心と体がよろこぶ「ねこアスレチック」

ねこアスレチックを作る前に理解しておきたいこと

「家具だけ」でもねこアスレチックは作れる！

市販の「ねこタワー」を用意するのに加え、昨今はねこ用の通路「ねこウォーク」や、階段状の「ねこステップ」などを取り付けるのが世界的に流行しています。

ねこウォークやねこステップなどの、ねこが室内運動を楽しむための設備を、総称として「ねこアスレチック」と私は呼んでいます。

「愛ねこにもっと楽しく暮らしてほしい！」という気持ちは素敵ですね。

「うちは賃貸だから、ねこウォークなんて無理……」と、あきらめることはありません。

お部屋に高さに違いがある棚や一人がけのソファなどはありませんか？　工事をしなくたって、そういったお手持ちの家具などを使って工夫すれば、立派なねこウォークやねこステップになりますよ。

例えば、背の高いクローゼットや本棚の上は、ねこにとっては立派なねこウォーク。ソファの背もたれは、ねこがフレンドリーな気分のときに、飼い主の顔に近づける素敵な通路です。

私がお客様のお宅にねこアスレチックを取り付ける際も、必ずお手持ちの家具などを活用しています。

次ページの写真のお宅では、ねこウォークは設置していません。もともと背の高い食器棚をお持ちで、ちょうどその横にねこが歩ける幅の高窓がありました。この2つが立派なねこウォークになるのです。

普通のねこウォークは荷重などの問題があり、30㎝を超える奥行はなかなか取れないもの。一方、収納棚ならねこウォーク以上の奥行があり、安定感がありながらも広々とした通路をつくれます。

このように、家具ならではのメリットもあるのです。

Nikon

設置工事をすれば良いとは限らない

まだ若い方は、これから家庭環境やライフスタイルが変わる可能性もあるでしょう。人の動きに合わせて、ねこの動きも変わるもの。設置工事で本格的にねこアスレチックを取り付けると、今後なにかあったときに柔軟に変更しにくくなります。

そういう意味でも、いつでも自在に動かせる家具などで、ねこアスレチックを作るのはおすすめ。「市販のねこタワー＋家具での工夫」で充分対応できます。

一方、設置工事は、すでにライフスタイルがある程度定まった方、より高い完成度を求める方などにおすすめです。ただ、その場合であっても、気分転換のプチリフォームがしやすいよう、一つは市販のねこタワーを組み込んでおくのがお勧めです。

ただし「遊び場をつくればよろこぶはず」といった人間発想の安易な考えでデザインすると、ねこにとって充分な運動効果や刺激を得られず、全然楽しんでもらえない……ということも。どんな形で作るにしろ、大切なのはねこの気持ちやニーズをしっかりふまえることです。

あくまでも「飼い主とのふれあい」の中で楽しんでもらう

「ねこアスレチックを作ろう！」と決めたら、ちょっと気を付けてほしいことがあります。

それは「やりすぎない」ということ。

特に、部屋の高いところで一周できるようにねこウォークをつなげてしまうと、猫の空間を斜めに使うような動線がなくなり、空間として単調になります。

また、猫の動線と人の生活動線の交差が減ることになり、飼い主とふれあう機会も少なくなってしまうことがあるのです。

本来はねこも家族が大好きですし、一緒に楽しみたいと思っているもの。だからこそ、移動する最中に人の視線と触れるような機会を増やしてあげる意図的な工夫をしておきましょう。

細々としたアイテムが多いほど、掃除の負担も増えるものですから、ねこアスレチックは作りすぎないこと。

そして、あくまでも「人間とのふれあい」の中で、ねこがどのように楽しく快適に暮らすかを考えましょう。

ねこアスレチックを企画しよう！

まずはねこにとっての「魅力ポイント」を考える

ねこアスレチックの設置にあたって、最初にしてほしいこと。それは、その部屋におけるねこにとっての「魅力ポイント」はどこなのかを考えることです。ねこにとっての魅力ポイントとは、次のようなものです。

◉家族がいつも座る場所

もっとも重要な魅力ポイント。飼い主が家の中でよく座っている、リビングテーブルや食卓などが該当します。ねこは少し高い場所から観察することを好むので、ちょっと離れた高い位置から、家族が集まっているテーブルなどを「眺められる場所」「そこに移動できる場所」をつくりましょう。

◉窓

ねこは窓辺から動くものを見るのが大好き。人間がテレビを見るのと同じようなものです(ちなみにテレビも好き)。また窓の形そのものが空間の仕切り効果を持っているので、のぞき込みたくなるのです。

◉高い場所

背の高い棚、カーテンボックス、壁にある飾り棚などの上は、格好の魅力ポイント。そのままねこウォークやステップとして活用できます。ただし、カーテンボックスや棚は、動く物を置くほどの耐荷重となっていないことが多いので、強度をしっかり確認しましょう。

◉階段

ねこの健康に必要な昇降運動ができます。らせん階段は空間をいろいろな角度と高さから見られるので、特にねこのお気に入りです。

◉部屋の入口

ねこは耳がいいので、誰かが部屋に近づいてくると、姿が見える前から察知します。ですから部屋の入口に待ち構えて、入ってくる人を観察したいのです。そのため、部屋の入口を「上から」眺められる場所を作るとよろこびます。

魅力ポイントをふまえて「ストーリー」を考える

魅力ポイントがどこかを考えたら、それを活かしてどのような「ストーリー」に仕上げるかを考えます。「どこにねこアスレチックを作れば、魅力ポイントを満喫できるか？」「そこでねこはどう過ごすか？」「それぞれの魅力ポイントやねこアスレチックを、どのような動線でつなぐか？」などです。ここでもう一度大切なことですが、ねこにとっての一番の「素敵ポイント」は、優しくて大好きな「アナタ」がいる場所であることを忘れないで。

この作業をすっ飛ばして、深く考えずにねこアスレチックを取り付けると、ねこが自分の好きなようにストーリーをつくってしまいます。カーテンをよじ登ったりと困った動きになるこ

ともあるので、飼い主にとっても重要な作業です。

「家族が集まるリビングテーブルを眺められる位置に、ねこウォークをつくろう」「窓辺に本棚を移動して、外を眺められるようにしよう」「本棚からねこステップに上れるようにしよう」など、空間を見ながら、人の動きにそってねこも動くようなストーリーをふくらませていきましょう。

わが家の個性を活かしてストーリーを

例えば私の家では、ねこがリビングに入ると、まずはソファの背もたれ（＝ねこウォーク）をつたっていきます。そして背もたれの端に行きついた場所には、ソファと同じくらいの高さの台があり、その上にちぐら（ワラで編んだ、かまくらのような隠れ家）が用意されています。ちぐらに入って、リビングテーブルにいる私たち人間を観察するのが、お気に入りのようです。

P87の写真をご覧ください。

こちらのお宅は2階にリビングがあり、ねこが1階から階段を上がって中に入ると、すぐ右

側にバルコニーがあります。階段を上がってそのままの流れでねこタワーに上り、そこから窓の外を眺めるもよし、その上に配置したねこウォークに移動するもよし、という動線になっています。

P89のお宅は白い格子窓が素敵なので、それを引きたたせるように、周囲にステップを配置しました。

このステップから、ねこの魅力ポイントに移動できるようにしています。右側のステップを使えば、まるでねこの二段ベッドのような飾り板に移動でき、ここから景色の良い右側の窓を眺められます。左側のステップを使えば、その位置から格子窓の外を除くのはもちろん、ママのパソコン作業を見守ることができ、高窓や食器棚の上にも移動できます。

ねこの通路「ねこウォーク」

ねこウォークの「高さ」は、掃除のことも考えて

ねこは空間を縦横無尽に動きまわり、高い場所から周囲を見おろすのを好むので、ねこ専用の通路「ねこウォーク」を作ってあげたいですね。ねこウォークでの歩行や昇り降りによって、血液やリンパの流れを促すこともできます。

ねこウォークは、ねこの好

きな「ほんの少し高い場所」をつくってあげることが大きな目的です。飼い主の頭やドアにぶつからない程度に、高い場所に設置しましょう。

ただし、脚立がないと掃除ができないほどの高所では、掃除が億劫になるもの。ねこがねこウォークの上でねこゲロ（吐き戻し）などをすることもあるので、サッと掃除できるようにしておくことが大切。手を伸ばせば、ハンディモップなどで拭き掃除ができる程度の高さにおさえましょう。

設置場所の基本ポイントをおさえよう

部屋の中央にねこウォークを作る方法もありますが、背後に壁があったほうがねこがリラックスできるので、基本的には壁沿いがおすすめ。

具体的な設置場所は、次のとおり。まず、魅力ポイントである「家族の集まる場所」を眺められる位置を基準にします。同じ空間にリビングテーブルと食卓があるなら、両方を見られるほうがよいでしょう。

加えて「部屋全体」を見渡しやすく、経路に窓やステップなどの「魅力ポイント」もあると、より退屈しない楽しい通路になります。角を挟んで2面にねこウォークを取り付けるのもおすすめ。角は空間を一望しやすく、ねこも好きな場所です。

ただし、ねこウォークを取り付ける場所は、最多でも部屋の「3面まで」にしましょう。部屋の4面すべてに取り付けると、最初にお伝えしたように、空間が単調で人との関わりの機会が減ってしまいかねません。部屋の構造などに応じて1~3面に取り付けましょう。

「死角」も必要

ねこウォークはねこの運動や安心だけでなく「好奇心」を満たす工夫も大切。快適なだけで「刺激」のない空間は、いずれ退屈になり、ストレスの原因になります。

家族の集まる場所を中心に、部屋を見渡しやすい場所に設置するのが良いのですが、どこにいても室内全体が「100%丸見え」では退屈のもと。部屋の一部は近くまで回りこまないと見えないようにして、ねこの好奇心をくすぐりましょう！

部屋がL字型などになっていたり、大きな柱があったりすれば、死角をつくりやすいですね。もしシンプルな四角い部屋なら、空間を仕切るものを置くのも手。例えば食卓とリビングの間の壁際に、棚やつい立てを置きます。このうち半分の空間は、近くまで移動しないとねこウォークからは見えないようにするなどです。ご自宅に応じて工夫してみましょう。

通路の両端に「昇降台」を

ねこウォークの「両サイド」には、必ず「昇降台」を設置しましょう。例えば、ねこタワー、ねこステップ、階段状の収納ボックスなど。これは超重要ポイントです。

ねこは木に登るのは得意ですが、降りるのは苦手です。飛び降りる場合、事前に高さや着地点を慎重に確認してから、体勢を整えて飛び降ります。何らかの事情であせって飛び降りると、体勢を崩してケガをするおそれもあります。丸太のようなよじ登り棒だけではなく、必ず階段のように「台」となるものを用意しましょう。

昇降台が必要なのは、安全上の理由だけではありません。ねこウォークの両サイドにタワーやステップを組み合わせることで、運動や楽しみ方の幅も広がるのです。ねこウォークを歩いて終わりではなく、昇って、歩いて、降りて……など、室内を立体的に使った「回遊ルート」が完成します。より魅力的なアスレチックになるでしょう。

なお、せっかく昇降台を設置しても、ねこに通路として見えなければ使ってもらえません。ねこが部屋を見下ろしたときに、ステップが見えるように配置してくださいね。

ねこウォークの構造は、ねこの安全と社会に配慮を

ねこウォークの素材は、掃除のしやすさを考えて「撥水性」が良く、ねこの滑りにくい木材がおすすめです。

奥行は、2匹以上飼っているなら最低25cmが目安。ねこが寝そべるようなねこウォークなら、もっと必要です。

ねこ1匹がやっと通れる程度の奥行だと、転落するおそれがあります。複数飼いのお宅なら、ねこウォーク内でねこ同士が鉢合わせになると、気の弱いほうのコが仕方なくUターンしたり、上から飛び降りたりしてしまいます。慌てると足を滑らせて転落することもあるので、出合い頭にお互いが上手にすれ違えるように工夫しましょう。

複数飼いなら、途中に「横道」を設ける

ねこにはそれぞれ縄張りがあり、その周辺を生活領域とします。複数のねこがいる場合、縄張りがお互いに重複しますが、顔見知りなら無駄な争いはしないもの。静かにすれ違うのがねこ社会における礼儀です。外ねこでも、相手が仲良しなら、顔をすり寄せるなど親しげに挨拶することもありますよ。

多頭飼いのお宅では、このような外界のねこ社会が、自宅に凝縮されているのです。ねこ世界の礼儀をスマートに行なえるように、配慮した環境にしたいですね。

狭く細い通路が長く続くなら、途中に「分岐点」を設け、お互いが出合い頭によけられるようにしましょう。横道を作っても良いですし、ねこですから上や下によける手もあります。ね

こウォークの下にステップを付けたり、棚を置くだけでもOK。

長いほど良いわけではない！

ねこウォークの長さに関しては「長いほど思いっきり走れてよいはず」と思うかもしれませんが、これは逆です。全力ダッシュをすると転落の危険があるので、良くありません。

ねこの健康のためには、高い場所で思いっきり走る必要はないのです。空間を上下左右に使って、筋肉運動や体液の循環を促してあげれば大丈夫です。また思いっきり走ると、マンションなら騒音問題にもなります。全力ダッシュは床面近くですませておきたいもの。

つまりねこウォークは、逆に全力ダッシュができないように工夫する必要があるのです。そのためには、ねこが「直進」できる距離を3m以下に抑えることです。

3m以上のねこウォークは作るな、ということではありません。長いねこウォークなら、3mより手前でねこの「立ち止まりポイント」や「曲がり角」を設置すれば大丈夫！

ただし曲がり角の場合、緩やかなカーブだと、それほどスピードダウンしなくても曲がれてしまいます。直角のコーナーにしましょう。直角に隣り合う面のねこウォークに曲がるだけでも、衝動は抑えられます。

全力ダッシュを防ぐ「ねこ留まりBOX」

いちばん簡単なのは、立ち止まりポイントをつくること。その方法としておすすめなのが、直

線距離が3m未満のポイントに「ゲート」や「ねこ留まりBOX」を設置することです。
ねこ留まりBOXとは、ねこウォーク上に設置したゲートの側面を長くした「トンネル」のような囲みです。ねこの休憩所みたいなもので、いろんなシーンで活躍します。
走行中にねこ留まりBOXに差し掛かると、ねこにとってはトンネルの先から空間が変わるような感覚になります。
そこで一度、全力疾走したい

衝動が抑えられるのですね。

ちょっとした囲われ空間なので、休むときはこの中で休むようにも誘導できます。

ねこウォーク上で眠って、うっかり下に落ちてしまうねこもいるのですが、休みたくなるようなねこ留まりBOXがあれば、そんなウッカリな転落事故を回避できます。

「ねこ留まりBOX」で家族との絆をの〜んびり深める

ねこ留まりBOXは、同時に「飼い主とふれあうための立ち止まりポイント」でもあります。BOXの手前には、丸い穴が開いています。これは、ねこの「のぞき窓」。ねこは少し隠れたような空間で落ち着く動物です。こうした癒し空間であごを乗せ「家族の様子をの〜んびり眺めたい」「安心して交流したい」。そんなねこのニーズを満たしています。

慎重な気分のときは、ねこだまりBOXから顔も出さずじ〜っと家族の様子をうかがいます。ポジティブな気分のときは、ねこ留まりBOX越しに自分から挨拶したり、じゃれてきたりしますよ。人との交流だけではなく、通路上の仕切りであるものを利用して隠れてみたり、ねこ同士の遊びの駆け引きにも上手に活用されます。

「ねこ留まりBOX」を設置しよう

ねこ留まりBOXは、飼い主の過ごす定位置をよく見られる位置がよいでしょう。サイズは、成猫が体をすっぽり隠せる35〜38㎝四方くらいが目安。ただし、全力ダッシュの衝動を抑えるのが最大の目的なら、正面板は10㎝でも十分ですが、「高さ」についてはもう少し低めの30㎝くらいにしましょう。天井高が低いのでより前屈みになり、必然的にスピードを落とすようになります。ただしBOXを長くしてしまうと、ねこに何かあったときに飼い主がねこを救出しづらいので注意を。

のぞき窓用の穴は、直径16㎝くらいの円が基本。ねこが顔を出して、あごを乗せるのにちょうど良い高さに開けます。ねこが穴から顔をのぞかせる様子は、なんとも可愛いものですよ。

家具でねこウォークを作るなら

ねこウォークの工事ができないなら、背が高く横に長い本棚などを置き、その両サイドに市販のねこタワーを置くだけでも充分。

その場合は、棚の上に滑り止め用のマットなどを敷くと良いでしょう。市販の家具は上面は清掃性を高めるために、簡単にホコリが落とせるよう平滑でサラッとした表面に仕上げられています。ねこがその上でジャンプすると、滑って態勢を崩しやすいのです。

ねこ留まりBOXは、猛ダッシュできるほどの長い通路の形状でなければ、なくても大丈夫。要は「空間の切り替わり」が感じられれば、テンションを上げすぎずにすみます。ねこにとっても面白いようです。

既製品ではないのですが、うちでは「本棚兼ねこウォーク」をつくりました（P103）。天板はねこのベッドなどを置いて、ねこ専用の通路にしています。少し奥行きを深めに取り、2段目以降は奥に本を並べて、その手前をねこが歩けるようにしました。2段目以降の板は、疾走の抑制と振り向いて別方向でお部屋を意図的に見るように、折り返しを設けています。

さらに、我が家ではソファも活用しています。背もたれのしっかりしたソファならば、ねこ

にとっては、人の顔の側を通れる素敵なねこウォークなのです。大きめのソファがあるならば、それを動線の中に積極的に組み込んでみてください。

ねこウォークのそばの「照明」に注意

天井から吊り下げる照明は、近くにねこウォークがあるとねこが飛び乗ることがあります。特に照明の傘部分がねこウォークよりも低い場所にあると、ねこが飛び乗りやすくなるので、この場合は別の場所にねこウォークを設けましょう。スポットライトや、壁に埋め込まれたダウンライトがある場合、光源がねこウォークに直撃しないように気を付けたいもの。特に、LED照明は要注意。白熱電球や蛍光ランプは、一般的に光が四方八方へ広がりますが、LEDは光が直下方向に集中します。ねこがLEDの下にいると、目の負担が大きいので注意しましょう。

「テレビ」からはできるだけ離す!

まだ確証はありませんが、「赤外線の熱を感知して嫌がるねこがいる」と唱える動物行動学者もいます。

テレビは他の家電よりもリモコン操作の多い機器です。テレビのリモコンから出る赤外線の照射域と、ねこの生活領域は重ならないようにしましょう。ねこに向けてリモコンを向ける状態をさけるため、テレビまわりにねこウォークを設置するのは避けるのが無難。そこしか場所がないなら、赤外線受信部から最低1mは離しましょう。

ねこの階段「ねこステップ」

ねこが嬉しいステップ

「ねこステップ」とは、壁などに板を取り付けて作ったねこ用のステップ（階段）のこと。手軽に設置できるのは、複数の板やボックスを、間隔を離して壁面に取り付けたもの。直階段を壁面に取り付けることもあります。

ねこステップには、さまざまな役割があります。

1つは、運動や遊びのための「アスレチック」です。ねこウォークではできない昇降運動や、ねこの跳躍力を活かした遊びができます。

2つめは、ねこウォークなどの高い場所に上るための「踏み台」。

3つめは、「人とのコミュニケーションの場」です。ねこが飼い主の顔を見ながらふれあいたい場合、床だと低いし、ねこウォークだと遠くなります。そこで、飼い主とふれあいやすい高さに、ステップを設置してあげるとよろこぶのですね。

一方、来客などに対しては、高い場所のステップから観察します。ねこステップは、相手と状況に応じて「観察台」にもなれば「ふれあいの場」にもなるのです。

ねこステップは、このように「目的」をふまえて配置することが大切。アスレチックとはいえ、何もなく人も通らない場所に取り付けたら、ねこはノーリアクションです。

ステップの設置場所

「昇降台」としてのステップは、繰り返しお伝えしているように、ねこウォークの両端、高い場所のそば、窓辺などに用意しましょう。

一方、「コミュニケーションツール」としてのねこステップは、次のような場所が効果的です。

◉人の通る場所

ねこは警戒心の強い生き物ですが、大好きな家族とはふれあいたいもの。とはいえ、巨大な人間に急に抱き上げられるのは怖いので、事前に「心の準備」をしたいのですね。

そこで、人のヒジより上、ねこが人間を少しだけ見下ろすくらいの高さに、ステップを作ってあげるとベスト。多くのねこは、家族の中で女性（通常はママ）がいちばん好きなので、ご一家なら奥様の身長を目安にするのが基本です。

◉部屋の出入り口付近

来客などの慣れない人間に対しては、ねこは相手の頭よりも上に陣取りたいもの。来客が多いお宅や、警戒心の強いねこなら、玄関や部屋の出入り口に、観察台になるようなステップを置くのも手です。

この場合も、観察台用のステップだけでなく、飼い主と触れ合うためのステップも付けてあげるとよいでしょう。

◉書斎

いつも飼い主のそばにいたがるねこもいますね。一概には言えませんが、女の子は比較的ある程度の独立心があります。対して男の子は、いつまで経っても甘えん坊で、「来ちゃだめだよ」と言っても、飼い主にくっついていたがるコが多めです。

「愛ねこと一緒にいたいけれど、パソコン作業や仕事を邪魔されるのは困る……」。そんな場合は、デスクのそばにステップを取り付けるのも手。ステップの上から、作業中の飼い主を静かに見守ってくれたりしますよ。

ねこに必要な「ステップ運動」とは

ねこの健康づくりには、体中のいろんな筋肉を動かせるように、数種類の運動をさせる必要

があります。まだ私も研究途上ですが、普通の歩行に加えて、現段階では次の3パターンのリズムのステップ運動ができるように考えています。

①スタスタ♪

4本の脚を交互に出して、緩やかな階段を昇り降りする運動。

②スタンスタン♪

①よりもやや段差のある階段で、両脚をそろえ軽くジャ

ンプしながら昇り降りする運動。

③スッタン♪　スッタン♪

立ち上がるように背筋を伸ばし大きくジャンプする運動。縦型のねこタワーの多くがこれです。この場合は一定方向に進むだけでなく、丁寧に上り下りしなくてはならないように、振り向いて折り返すような配置の段にするとより安全です。

ねこの「体の動き」をふまえて、ステップを並べよう

ねこステップは直階段でも良いですが、いくつかの板やボックスを個別に壁に取り付けるなら、ジグザグに並べるのがおすすめ。適度な場所でねこが「折り返す」ようにするのです。

こうすると先にお伝えしたように安全であるだけでなく、上り下りの途中で「別の角度」から空間を見せることで、刺激もより感じられますよ。

ねこステップの「段差」は

ねこにとってジャンプが必要となる高さは、成猫で約40㎝〜です。上り下りしやすい段の高さは30㎝以下となります。高い場所に上る「踏み台」のステップは、30㎝をベースに必要な段数を計算し、ステップや家具などを揃えてあげましょう。

「運動」を目的とした段差の大きいステップは、若いねこなら段差40㎝前後が目安。もっと大きくするなら、段差50〜60㎝くらいなら問題ありません。ただし、老ねこや肥満気味のねこなら折り返し運動のあるタテ型タワーは35〜38㎝程度、まっすぐの階段状なら15〜30㎝程度が良いでしょう。

「老化」を想定して計画

ねこステップの段差を考えるときは、ねこの加齢による身体能力の衰えを想定しておかなければなりません。

一般的に、ねこは7歳から老猫の部類に入り、11歳以上になると運動能力がガクッと衰えます。しかしながら、老ねこになっても高い場所が落ち着くことには変わりないもの。老猫になっても高い場所に上れるように、緩やかなステップも設けたいですね。

年を取ってから段差の大きいステップを使うと、危険が伴います。すべてのステップを完全に作り付けるのではなく、ねこの成長に応じて柔軟に変更できるように、移動できる家具などを組み合わせておくのもコツですよ。

例えば私の家では、段の一番下のステップは、壁に取り付けるのではなく、あえて市販のスツールを置いています。ねこが年を取った際は、スツールをどかせば上に行けません。

Ｐ１１３のお宅では、部屋の出入り口に、ボックス収納型ねこステップを設けています。この一番下のステップは、ソファの座面に一人では上がれないほどの超老猫になったら使えなくなるように、わざと高くしています。中高年になったら、箱などを最下段として補填するのです。これも一案です。

すでに備え付けている場合は、老猫になったらいちばん下のステップを取り外すか、家具などの障害物でふさいで上れないようにします。

子ねこのうちは、飼い主の保護下で学習させよう

子ねこ（生後7か月まで）のうちは、高い場所に上ると危険なので、ひとりではアスレチックで遊ばせないようにしましょう。

成猫の爪は普段は手の中にしまわれていて、走るときや爪とぎをするときなど、必要なときだけ手から出します。他方、子ねこはまだ爪を引っ込められないのです。常に爪が出ているので、走るとはじいてしまいますし、滑りやすいので危険です。

ですが「学習」はさせる必要があります。飼い主が見守っている状態で、いろんな場所にトライさせてあげましょう。子ねこはそうやって、いろんなノウハウを吸収していきますよ。

ステップのサイズと耐荷重

大きすぎるねこステップは、生活の妨げになるもの。ねこの体長をふまえると、横30㎝程度（折り返すタイプは40㎝以上）、奥行き18〜25㎝程度が目安です。ねこがジャンプすると、体重の4倍ほどの負荷がかかります。ステップの耐荷重量は「ねこの体重の5倍」くらい必要と考

えましょう。体重5kgのねこなら、25kg以上の耐荷重量を持たせます。足元が安定しないと、ねこは怖くて近づきません。すっきり見えるからと小ぶりの棚固定金物を使うと、耐荷重が不足していることがあるので注意しましょう。

ただし、ねこが触れる場所に「釘」の頭が見えると危ないので注意が必要です。また、蹴り込む動きをするので、ステップの表面には滑り止めが必要になります。

「DIY」でねこステップを作るなら

このように、ねこステップには多くの難題があります。そこで、大建工業さんが『ねこステップ』という製品を開発してくれました。

目立ちがちな棚固定金物が見えないのに充分な耐荷重があり、なおかつねこが踏ん張っても滑りにくい優れものです。

壁を仕上げた後からでも設置できるので、比較的簡単なねこ用リノベーションで役立ちます。本書でご紹介しているお宅でも、こちらを活用していますよ。

ＤＩＹもできますが、金物の取り付け位置に要注意。

最近の住宅は、木製の下地柱を「石膏ボード」で覆った壁に、クロスを貼ったものが主流。釘を打って白い粉が付くなら、それは石膏ボードです。

石膏ボードの上に釘やビスを固定しようとすると、石膏がボロボロ崩れてしまいます。石膏ボードの壁にステップを固定する場合は、下地柱に留めましょう。壁に市販の「下地センサー」を当てていくと、下地柱のある位置を教えてくれます。そこに設置しましょう。

市販のＤＩＹ取り付けの飾り棚に、一見「猫ステップ」に使えそうに見える（Ｐ１１３の事例のステップに似ている）ものがあります。しかし、箱形であっても石膏ボード取り付けのものなどは、猫が歩くだけの耐荷重がないので、歩行中に壁から剥がれ落ちたりして大変危険ですから、注意しましょう。

ねこの登り台「ねこタワー」

市販のねこタワー（キャットタワー）を選ぶなら

ねこタワーは、垂直方向に飛ぶ「スッタン♪　スッタン♪」の動きを促せるアイテム。前述の通りひとつの空間をいろんな角度から見られる「らせん階段」も、ねこのお気に入りです。

ねこタワーは市販品が充実していますが、省スペースに回転しながら上がるもので、柱が細すぎて、ねこの歩行回転が小さいものがあり、使いづらいものがあります。

ねこタワーの各ステップ板は、円形の場合は直径40㎝くらいを目安にし、歩行する回転半径が20㎝となるよう、できるだけ大きいことが望ましいです。

柱部分には爪とぎ用の素材を

ねこにとって魅力的なねこタワーは、柱が木の幹のように円柱型で、円の直径は10～25cmほど。柱に木材や麻布を巻くのがおすすめ。

「高さが変わる場所」はねこにとっては空間が変わる場所。自分の存在を残すために爪とぎをしやすいので、その意味でも柱に爪とぎ用の素材が巻いてあるといいですね。

ただしねこが使い込むと縄がゆるんだり劣化したりしていくので、こまめに状態をチェックし、必要に応じて交換や締め直しをしましょう。

また市販品によくある、天井と床を利用して突っ張るタイプのねこタワーは、ねこジャンプの衝撃で徐々に突っ張りが緩んでいきます。月1回くらいは緩んでいないかチェックし、常にしっかりと突っ張っている状態にメンテナンスしましょう。

ねこのための小さな窓「ねこスルー」「ねこドア」

「ねこスルー」でねこの動線をスムーズに

ねこは窓などの「額縁」をのぞきこむのが好きなのですが、人間用のドアは大きいので「額縁」としてはあまり魅力的ではありません。

そこで、ねこがスムーズに入口を認識して移動できるように、通称「ねこ窓」を取り付けるのもおすすめ。ねこ専用の小さな通り道「ねこスルー」や、これにガラス扉を付けた「ねこドア」です。

P124下段のお宅では、ねこトイレを壁で囲った場所に置いています。

そこで、ねこがスムーズにトイレに行けるように、トイレを囲んでいる壁にねこスルーを設けています。

ねこのNGゾーンでも「ねこドア」を付ければ気配を感じられる

「ねこのNGゾーンだけど中から気配は感じたい」という書斎や寝室には、高い位置に「ねこドア」を。施錠すれば、隣室からガラス扉越しに飼い主を見守ってくれます。

このような「のぞき窓」用のねこドアやねこスルーは、そばにステップを設置することが肝心。ねこがステップの上に寝そべって、くつろぎながらねこ窓をのぞけます。ねこはそのときの気分で高さを変えるので、高さが違う複数の窓を用意するのもおすすめ。

ねこ窓の寸法は

ねこ窓の横幅は、ねこのヒゲ（＝センサー）がぶつからない20㎝以上が目安。開口が20㎝なら、底辺は床上7㎝前後にするとねこが入りやすくなりますよ。なお、石膏ボードに穴をあけると、石膏がボロボロ取れてくるので、必ず木の枠などで囲みましょう。

ACHTUNG

第4章

住環境の注意ポイント

ねこの脱走を防ぐには「開口部」の工夫を

玄関、バルコニー、窓は、ねこの脱走や飛び出しに注意

ねこは「縄張り意識」が強いので、自分の生活空間に満足していれば、外に出たいという欲求は基本的には持ちません。でも、外生活の経験があったり、家の中が退屈していたりすると、外に行きたがります。

また飼い主を追いかけて外に出てしまったり、窓の外にねこの好奇心をそそるものがあって、衝動的に飛び出してしまったり……そんなアクシデントもありえます。

2階以上の高さから落ちると、命の危険もあります。

「ねこなら2階から落ちるくらい大丈夫だろう」と思う方もいると思いますが、ねこの転落死は意外にも2〜3階くらいが多いのです。高層階から落ちる場合と違って、低層階だと着地に備えて態勢を立て直す余裕がないせいかもしれません。

家の中が安全で楽しい物があるように配慮しておく上に、玄関、バルコニー、窓などから絶対にねこを出さないように工夫しましょう。

音やにおいを防ぐ

開口部は、においや音が家の中に入ってくる場所でもあります。飼い主は気にならなくても、ねこは耳や鼻が格段に発達していることを忘れてはいけません。

例えば外歩きのねこが多い地域だと、そのにおいに反応して家ねこのマーキング行動が増えたり、外のねこが発情期に大きな声で鳴くと、その声でストレスを感じることもあります。

開口部には、脱走対策とともに、ねこのストレス要因となる音やにおいを防ぐ工夫も必要です。

ねこの注目スポット「玄関」は念入りに対策を

帰宅したら、家に上がる前に消臭を

玄関は、家族や来客によって「家（＝ねこのテリトリー）以外のにおい」が最初に持ち込まれる場所。外のにおいは、ねこへの良い刺激になるケースもあれば、反対にストレスの原因になるケースもあります。帰宅した飼い主にねこが体をこすりつけるのは、外部のにおいを察知して、飼い主をマーキングしている場合が多いのです。

ねこのストレスを防ぐために、外のにおいは玄関に上がる前になるべく落としたいもの。できれば玄関の外に土落とし用のマットを敷くといいでしょう。

少々臆病なねこの場合は、家族が家に上がる前に上着を脱ぎ、パンツは特に裾を念入りにエチケットブラシを使って、服についてくるものを落としましょう。消臭のために、空気清浄機やアウター用のクローゼットなどを玄関に設置するのもおすすめです。

ゲートなどを利用し、玄関の外に飛び出さない工夫を

ねこは、家族が行ける場所は自分も行けると思っているもの。飼い主が外出する際に、ねこが一緒に玄関の外に出てしまうおそれも。玄関ホールにつながるドアを閉める、ペットゲートを置く、ドアを出るときにねこがそばにいないかよく確認するなど、ご自宅の環境にあわせて可能な対策を立てましょう。

新築やリフォームをするなら、玄関ホールと室内につながる廊下の間に、ねこが開けられない程度に重めの引き戸などを設置できるといいですね。

Ｐ１３１の写真はその一例です。木材を使って和モダンな雰囲気に仕上げました。格子状なので、帰宅した際に戸の向こう側が見え、ねこがいないか確認できることもポイントです。

「ドア」はねこが自分で開けることもできる！

ドアノブの形や開閉方向によっては、ねこがドアを開けることも

「ねこを部屋に入れて、ドアを閉めておけば脱走できないはず」と油断してはいけません。ドアの種類によっては、ねこが自分で開けることもできるのです！

よくあるのが、「レバーハンドル」をガチャッと下げて開けるドアノブ。これは開けやすくて便利ですが、ねこもレバーに前足を引っ掛けて、自分で開けることができます。「外開き」だと、開いたドアを頭でヒョイと押して、自分で外に出ることも簡単なのです。

同じく、戸をガラッと横に引く「引き戸」も、軽くて枠と扉の間に隙間がある構造だと、ねこが爪を引っ掛け、自分で開けることができます。引き戸は、光もれ対策のある枠構造になっているものにすると、猫には開けにくく安心です。

ドアノブやドアの形を工夫すれば、ねこが開けられないように

これから家を建てるなら、ねこの生活ゾーンの扉にはレバーハンドルを避け、「プッシュプル」を選ぶといいでしょう。プッシュプルとは、ハンドルを押せば扉が外に開き、ハンドルを引けば扉が内側に開くというもの。人間には使いやすく、おすすめですよ。

ドアを内開きにするだけでも、ねこにとっては開けにくくなります。逆に言うと、ねこに入ってほしくない部屋のドアは、外開き（外にいるねこから見るとねこ側に開く）にすると、侵入されにくくなります。

ただし、ドアが開く方向にねこがいる場合は要注意。ドアがねこに激突したり、床とドアの隙間に前足の先が挟まれたりといったケガも起きています。ドアはバンッと勢いよく開けたりせず、そっと開ける癖をつけたいですね。これから新築やリフォームをするなら、引き戸で扉枠が光もれ防止のもの、また、開きドアならドアの下側に「ガラス」のスリットを設けると、向こう側が見えて安心ですよ。

窓と網戸は
セットで徹底対策！

1階の窓辺は、外のねこにも注意を

1階の窓辺は「外歩きねこ」の姿やにおいを感知しやすく、家ねこのマーキングが増えることがあります。外のねこが多い地域なら、窓辺には家ねこが近づけないようにするか、ねこがのぞけないような高い位置に窓を設置します。難しければ、相手を「上」から観察させるだけでも、比較的マーキングにつながりにくくなります。

「網戸」の破壊防止

網戸はねこが自分で簡単に開けることができるので要注意。また、ねこは暗視能力や動体視

力は優れていますが、視力自体は人間の1／10程度。網戸は、ほぼ見えていません。窓やベランダの外に鳥が飛んできたりすると、追いかけようとして網戸を突き破ってしまうことも。

網戸が破れると蚊などが侵入しやすくなりますが、蚊が媒介する「フィラリア」などの感染症は、ねこの死亡につながります。蚊が増える夏には予防薬を飲ませたいものですが、それ以前に蚊を室内に入れないようにガードしましょう。

網戸は「柵」などで守るのが確実

網戸のネット（網）には、耐久性に優れたグラスファイバーやスチール製のものもあります。しかしねこがよじ登ったりして衝撃がかかると、ネットが網戸の枠から外れることも。

ホームセンターなどで売っている「網戸ストッパー」を活用するのも手ですが、ストッパーのみの場合、ねこの脱走防止にはなりますが、網戸を傷つけるのは避けられません。

ベストな対策は、網戸の前に「柵」を置くこと。バルコニーの掃き出し窓など、人間が出入りする窓は十分に対策しておきましょう。

リフォームが可能なら、窓の手前に格子戸を備え付けるのもおすすめ。木材でつくると和室の障子のようなイメージになり、インテリアとしての満足感も高いですよ。

ねこが安心して楽しめる空間づくりを

バルコニーにはねこを出さないか、中庭などで遊ばせる手も

家族がいる場所はすべて「自分のテリトリー」だとねこは思っています。飼い主がバルコニーに出ると、ねこも一緒に出てしまうことがあるので注意しましょう。

バルコニーに「鳩除けネット」などを張るのも手ですが、集合住宅の場合は美観のためのルールのほか、消防法の規定により、避難口をふさぐ場所には物を置けません。前述のように室内側の柵などを活用し、ねこを外に出さないようにしましょう。バルコニーに出るときは、足

元にねこがいないかよく確認を。

一戸建てで新築やリフォームをするなら、ねこが脱出できない構造でありながら、外の空気に触れられるテラスなどをつくるのもおすすめ。例えば、家の中心などに「中庭」を設ければ、庭が家に囲われている状態なので脱出できません。ただし、ねこの興味を室内に持っていくような工夫が、実は脱走防止に一番効果的であることを忘れないでくださいね。

ねこ用バルコニーを作ってとことん遊ばせるのもあり！

または、外庭に面した場所に「ねこ用のバルコニー」を設けるのもいいですね。外庭に面した壁をルーバー（細長い板を並べたブラインドのようなもの）にすれば、ルーバーを開けることで、脱走の心配なくねこを外気に触れさせることができます。

ねこ用バルコニーの床材は、屋外用のウッドデッキなどが良いでしょう。庇《ひさし》が深くない場所では日差しで熱くなるタイルなどはNGです。人工芝は菌やダニが繁殖しやすいのでメンテナンスをこまめにしましょう。

ねこの遊び道具として、大きめの人用ハンギングチェアや、庭木に板をハシゴのように掛けるだけでも、ねこにとっては楽しいアスレチックになりますよ。

「カーテン」はねこのいたずら対策とともに、防音対策も有効

窓辺には防音カーテンを設置する手もあります。ただし壁付のカーテンレールだと、カーテンの上側やレールの隙間から音もれしやすいもの。カーテンレールを天井付にするか、カーテンボックスを設置するといいでしょう。カーテンボックスとは、カーテンの上部やレールを覆って隠すボックスです。音だけでなく、遮光性や断熱性も高めることができます。

「ねこがカーテンによじ登ってしまう」というお悩みも多いもの。窓辺に魅力的なねこタワーなどがあれば、ねこはそれを使います。しかし登るアイテムが何もなければ、必然的にカーテンを使って、高い場所に登ろうとしたりします。カーテンよりも魅力的なタワーやステップを用意すれば、カーテン遊びは減るでしょう。

ブラインドやロールスクリーンカーテンを上げ下げする「ヒモ」にも要注意。ねこは長くて

揺れるもので遊ぶのが大好き。遊んでいるうちにヒモが体に絡まってケガをしたり、ヒモを飲み込んでしまう事故も起きています。ヒモはおなかの中で溶けないので、誤飲すると取り返しのつかない事態になることもあります。ヒモはねこが届かない高い位置で束ねておきましょう。なお、横タイプで羽の幅の狭いブラインドはねこがよじ登って壊れやすいので、タテ型タイプで下部のヒモを取り外したものや、羽が大きくて丈夫な木素材、二重サッシの中に設置するようなタイプなどにするとよいでしょう。

「空気環境」を整えて ねこも人も快適な住まいに

「換気」は大切だが、外からの音やにおいの侵入には注意を

愛猫のにおいやアレルギー物質の充満を抑えるには、空気の流れを良くするとともに、適切

な「湿度」に整えることが大切です。

湿気が多いとカビやダニが繁殖します。逆に乾燥すると、周囲に静電気が増え、ねこアレルギーの原因物質が壁に付いて離れづらくなります。ねこの毛も静電気を帯び、毛にハウスダストを寄せ付けやすくなります。ねこも人間と同じく、乾燥した空間では免疫力が弱まるので、ハウスダストが原因で皮膚炎などを発症することも。空気環境への配慮はとても大切ですね。

しかし窓や通気口から空気を入れると、外の音やにおいも入ってくるので、これがねこを刺激してしまうことも。良い刺激ばかりではないので、空気環境については、この点もふまえて対策を立てる必要があります。

「換気口」を工夫して、外の音やにおいを防ぐ

戸建てや低層階にお住まいの場合は特に、外のねこの通る近くに換気口（通気口）を開けるのは避けたいもの。「24時間換気システム」などで居室に換気口を設ける場合は、必要に応じて工夫しましょう。

新築なら全熱交換式や集中換気として、外気を中に取り入れるときに空気調整の機器を通す種類にする場合もあります。外壁に開口部を設けてダイレクトに外気を取り込むタイプでは、換気の吸気口に空気清浄フィルターがあるものにすると、花粉症対策にもなりますよ。

正しい「温度管理」で暑がりなねこにも快適な住まいを

暖房機器は、暑がりなねこに配慮したものを

ねこは、自分にちょうどよい温度の場所を探して、高い場所や低い場所に移動します。冬は隠れ家に暖かさの補強として毛布を入れておけば喜ばれます。

空気環境の面でおすすめなのは「床暖房」。エアコンやファンヒーターと違って、床暖房は空気を温めるのでなく、遠赤外線の熱によって壁や床、天井、家具、人などを直接温めてくれま

す。ホコリを空中に舞い上げないので衛生的です。

床暖房は、「電気式」と「温水式」の2タイプに大別されます。電気式の床暖房なら、自動センサー付きのものがおすすめ。床に体が接触している場所をセンサーが感知し、接触部分の温度が上昇しすぎないように自動調節してくれます。ただし微量ではありますが、床暖房は「電磁波」を放出しているので、できれば温水式がベスト。

温水式とは、熱源機で加熱した温水を、配管を通じて床下に循環させるもの。低温水式床暖房は、一般的な温水式よりも低めの温水を使うので、ねこにとって優しいのはもちろん、人間も低温やけどをしづらく安心です。

赤外線の熱を利用した暖房器具としては、パネルヒーターもあります。置き型タイプだとねこが倒してしまうこともあるので、壁に取り付けるものを選ぶといいでしょう。

夏は冷房の使用とともに、停電なども想定した暑さ対策を

ねこにとって快適な室温は20〜26℃くらい。人間界では、冷房温度は28℃くらいがエコで推

奨されていますが、猫には少し暑いかもしれません。人と同じ程度でよいとはいうものの、冷房は26℃程度を目安に。

ねこは犬に比べて暑さに強いとはいっても、ねこの熱中症を防ぐために、夏は飼い主の不在時もエアコンをつけておきましょう。新築をお考えなら、断熱機能の強化を検討しておくとより安心です。

冷房をつけっぱなしとはいえ、飼い主の留守中に停電などが起きることもあります。このような事態に備えて、ねこが涼める「シェルター」を用意しておくのも方法です。

まずケージを用意し、その上にバスタオルなどの大きめのタオルを掛けて、全体を覆います。その上に、凍らせた2ℓペットボトルを2本置きます。すると、ペットボトルの水滴がタオルに染み込んでいきます。タオルに吸収された水分は、蒸発するときに一緒に「熱」を発散するので（=気化熱）、ケージの中が涼しくなるのです。これ、けっこう効果的みたいです。

ねこが暑いと感じた場合、このような場所があれば自主的に入ってくれますよ。

「壁材」を賢く選んで汚れ＆ねこアレルギー対策を

「調湿建材」は、ねこにうれしい効果がいっぱい！

普段はあまり気付きませんが、私たちのまわりでは日常のあちこちに「静電気」が発生しています。静電気は、特に空気が「乾燥」すると増えます。空気が乾燥すると室内の「壁」がさらに静電気を帯び、そこにアレルゲンを含むねこ毛が付着して離れにくくなります。

ねこにとっても、適度な湿度が被毛や呼吸器の健康維持に重要です。そこでおすすめの壁材が「調湿建材」です。調湿建材は湿度を適切に調節してくれるだけでなく、消臭効果もあります。また気層や厚みのある構造の商品だと、音を吸収して響きにくくします。ねこを刺激しがちな外部の音を防ぎつつ、自宅から外への音漏れ防止にもなりますよ。調湿建材の代表的な素材は「珪藻土」「漆喰」などです。また壁紙やタイルにも、調湿建材と呼ばれるものがあります。

ねこが傷つけやすい壁の下側には「腰壁」なども

先の調湿機能のある左官材や壁紙は柔らかいため、ただ背伸びするのに前足をかけただけでも爪の痕が残ることがあります。そこで、ねこの爪とぎやマーキングで傷みやすい壁の下側には、「腰壁」を付けるのも一案。腰壁とは、壁の下側（腰くらいまでの高さ）に木材などを貼り、傷や汚れが付きにくくしたものです。

ただ、木材だと凸コーナー部分でねこが爪とぎをしやすいので、凹凸がなくて爪をとぎにくい「磁器タイル」、御影石やクオーツなどの「天然石」がよいでしょう。

なお、壁紙は横幅90㎝程度のものが多く、一般的に縦向きに貼ります。そのため壁をよく見ると、90㎝程度の等間隔で、両隣の壁紙が張り合わさっている部分が見えると思います。この貼り合わさっている部分をガリガリと剥がしてしまうねこもいるようです。これを軽減するには、床から腰の高さまでは壁紙を横向きに貼り、張り合わせ部分を減らすのが効果的ですよ。

「床材」によって掃除のしやすさに差が付く!

「撥水性」を最重視しつつ、バリアフリー用のフローリングなどを

ねこの吐き戻しやおしっこなどが床に染み込むと、それが微生物の発生など室内汚染につながります。ですから、汚れが染み込みづらく、サッと拭き掃除ができるような「撥水性」の良い床材を選ぶことが第一。そのうえで、ねこの爪で傷が付きにくいものなどを選んでいきます。ねこの爪傷はカッターで引っ掻いたような傷になります。

ねこの肉球は柔らかく、爪を引っ込めて歩くので、犬ほど床の滑りに神経質にならなくても良いですが、できればねこが滑りやすい「大理石」などの硬くてツルツルした素材は避けるのが無難。「フローリング」では、無垢材で表層が厚く、傷がついた部分は後で研磨してリフレッシュができるものをおすすめします。

また、耐傷性や撥水性の機能が高く、消臭性も合わせ持つペット用の床材もあります。ただし、現在だと選択肢がかなり狭まるので、人間の「バリアフリー用」のフローリングもおすすめ。これは、車椅子でも傷つきにくく、撥水性や消臭機能などもあってねこ飼いさんにもぴったりの特徴が揃っています。

なお「バリアフリー新法」では、床の滑りを「C・S・R値（すべり抵抗係数）」を基準に判断するとしています。C・S・R値が高い床材ほど、滑りにくいと判断できます。

無垢材で無塗装のフローリングの場合は、ワックス仕上が必要です。「含浸タイプ」かつ「撥水性」のある製品を選ぶのもポイント。含浸タイプとは、表面を皮膜で覆うのではなく、木材の内部構造に浸透するもの。皮膜に依存したワックスだと、ねこの爪などで削られたらアウトですが、含浸タイプなら素材の内部から守ってくれます。

ただし一般的な含浸タイプのワックスだと撥水性はなく、結局は上からウレタン塗装などが必要になります。そこでおすすめなのが、それ単独でも撥水性のある含浸タイプのワックス。ドイツのメーカー『オスモカラー』『リボス』などの製品が売られていますよ。

「ワックス」で、ねこスペースの撥水性を維持する

ねこが歩く床やねこアスレチックは、定期的にワックスをかけ、撥水性を保ちたいもの。ワックスは水やアルカリに弱いものが多いので、雑巾がけは乾拭きが基本になります。水拭きする場合は、雑巾を充分しぼりましょう。また、尿や、その成分から発生する「アンモニア」はアルカリ性なので、トイレなどの床材はよく拭いてからワックスをかけます。

ただし、ワックスの成分に毒性があると、ねこが手を舐めたときに危険です。亜麻仁油や米油などを使った「100％天然原料」のワックスを使うといいでしょう。

注意しておきたいのが、床材にはフローリングでも「メンテナンスフリー」や「ワックスフリー」のタイプがある点です。これを採用している場合は、ワックスをかけてしまうと製品に備わっていた「防滑性」などが落ちてしまって逆効果になります。

キッチンの危険から愛猫を守る！

「キッチン」にはねこへの危険な誘惑がいっぱい！

キッチンには、ねこの好奇心をそそるものが盛りだくさん。美味しそうなにおいに、なにやら気になる調理器具。料理をしているママを、面白そうに見ていることもあります。

ですがキッチンには、火の元やコンセント、ねこにとって毒性のある食べ物、洗剤など多くの危険が点在しています。ときには重大な事故に至ることもあるので、ねこを守るために万全に対策を練りたいですね。

独立型キッチンなら、出入り口にペットゲートを設置して、ねこの侵入を防ぐことが第一。

しかしオープンキッチンや、カウンターキッチンの場合、ねこの侵入はほぼ避けられません。

調理中はキッチンに立ち入らないよう、ねこに教える心構えをしましょう。そして普段キッチンに入らないねこでも、高い探究心を持っていることを忘れないで。飼い主の不在時には必ず調理台などに乗って、まわりを探索しているものと想定して対策を立てましょう。

ねこを「火傷」から守る

ねこは、鼻や肉球などの「皮膚」は熱に敏感ですが、毛に覆われている部分は熱を感じにくいもの。そのためねこ自身も飼い主も気付かないうちに、火傷をしていることがあります。

ＩＨクッキングヒーターの場合、スイッチを切ってもしばらくは熱いので、ねこが乗っかって火傷をしてしまうケースがあります。よって基本的には、ＩＨよりもガスコンロのほうが望ましいのですが、火に興味を持つねこもいるので、どちらが良いかは一概には言えません。

ＩＨ、ガスともに専用のカバーが売っているので、活用すると良いでしょう。またねこがスイッチを押さないように、ＩＨなら「チャイルドロック」付きのものを選ぶなどの対策も忘れないようにしましょう。

「洗剤」からねこを守る

前述のように、ねこはキッチンまわりに乗るのが当たりまえ。食事を作る前には、調理台や食卓の上に消毒剤をスプレーし、よく拭くという習慣をつけましょう。

エタノールなどの「アルコール」で濃度が高いものは、ねこにとっては害になることも。安全性の高い「次亜塩素酸水」を使ったものや、〝赤ちゃんやペットにも安心〟などと記載された消毒剤が理想です。ただし長期保存すると品質変化もありえるので、保管には注意を。

キッチンを清潔に保つために掃除は大切ですが、洗剤の管理には注意。特に「塩素系漂白剤」は要注意アイテム。塩素臭を好むねこは多いので、食器を塩素系漂白剤などで漬けおきしていると、ねこが舐めてしまうことがあるので気を付けましょう。

「しまう収納」が基本ルール

物を「見せる収納」はおしゃれですが、ねこと暮らしているなら「しまう収納」が鉄則。特にねこに危害を加えるリスクがある物は、ねこが触れられない場所にしまいたいもの。包丁を壁面に掛ける収納などは、絶対に避けましょう。

おたまや菜箸などの調理器具も、出しっぱなしだとねこが舐めたりねこの毛がついたりして、衛生的に良くありません。面倒でもしまいましょう。

なお、これはキッチンに限ったことではありません。リビングでも同じです。特にリモコンは、ねこがいじってエアコンが誤作動すると、飼い主の不在時であれば大変な事態にも。ねこにいじってほしくない物は、ねこが触れられない場所にしまいましょう。

ねこが動かせるものを出しておくなら、「障害物」を置く

とはいえ収納容量や使い勝手の都合で、しまえないものもあるでしょう。「ねこへの有害性」がなく、なおかつ「ねこが動かせないサイズや重さのもの」なら、そのまま出しておいてもOK。ただし、中身の入った重い鋳物鍋をひっくり返した子もいるので、遊び盛りの2歳ぐらいまでは、食べ物の入ったものはしまっておきましょう。

一方、細々とした調味料の瓶など「ねこが簡単に動かせるもの」は収納するのが基本ですが、必要なものを数個くらいなら、工夫すれば外に出しておいても大丈夫。私はねこのご飯を滑り止めのついた大きめの瓶に入れて、キッチンカウンターに置いています。

ねこは「障害物」があるものにはむやみに近寄らないので、対象物を物理的にふさげばいいのです。例えば調味料の前には、ねこが動かせない板やブロックとなる置物を設置しましょう。

電子レンジや炊飯器などの「電気コード」も、どうしても外に出てしまうアイテム。しかしねこがいじって感電事故を起こすことがあるので、これも物理的に近寄れないようにふさぎましょう。なるべく家具・家電と壁の間に隠すほか、専用の「コンセントカバー」「配線カバー」でブロックを。なお、ねこのスプレー行為を想定し、新築ならコンセントの位置は床から55㎝以上離しましょう。

広すぎる収納スペースには注意を

最近の住宅に増えている収納が、シンク下などにある大きな引き戸。鍋やフライパンなどを

FOUNDRY

いっぱい詰め込める収納スペースです。これは収納力に優れている反面、広いのでねこがひょいっと入り込んでしまうことがあります。そのまま気付かずに飼い主が閉めてしまい、手を挟む事故が起きたり、中でねこが鍋と一緒に寝ていた……なんていう危険な例も。

もしこのような引き戸式収納を使っているなら、目を離した状態で開けっ放しにしないでくださいね。閉めるときは、ねこが入り込んでいないか確認する癖をつけましょう。ねこが入り込む隙間をつくらないこともポイントです。

有害フードからねこを守るには

「ゴミ箱」は、ねこにとっては〝おもちゃ箱〟のようなもの。中身はもちろんですが、そもそも箱という形状に好奇心をそそられ、中をのぞきたくなるのです。ネギ類、チョコレート、カフェインをはじめ、危険な食べ物を口にしないように注意したいですね。シンクに三角コーナーを置かないのはもちろん、ゴミ箱は収納スペースの中に入れるのがベストです。

収納するのが難しい場合は、必ずフタ付きのゴミ箱を使いましょう。ただしねこがフタを開けてしまう可能性もあるので、前述の〝障害物作戦〟で、フタの上を〝バッグ置き場〟にするなどの策を練りましょう。

インテリアも ねこへの優しさを考えよう

「ファブリック」は防音のためにも必要

マットやカーペットなどの布製品は、ねこの傷や汚れから住まいを守るだけでなく、音を響かせないためにも重要です。例えばものを落とした場合、床に何も敷いていないと音が反響して、ねこがビックリしてしまいます。これが積み重なると、落ち着きのない子に育ってしまいます。

ファブリックの素材は、基本的には「綿」がおすすめ。形状は「パイル地」はねこの爪が糸に引っかかって危険ですし、「ファー」はねこの毛が付着しやすいのでNG。オンザフローリングのカーペットでは、抜け毛がつきにくく消臭効果もある、カットパイルで爪が引っかかりにくいタイプがあるので、それもお勧めです。床マットに使われる丈夫に加工された「サイザル麻」をお勧めすることがありますが、「綿」と違って「麻」は猫の爪でほつれてくると、繊維がボロボロになるのが難点です。

ソファには一般的にソファカバーを掛けますが、カバー代わりに右のような素材のカーペットを掛けるのも良いですよ。綿素材ではソファカバーよりも厚手で丈夫なものが豊富です。平織りで堅めに編まれた物を選ぶのがコツ。ねこも気持ちよくにおい付けができて、それでいて長持ちします。

なお、最近は香り付きの柔軟剤が人気ですが、ねこにとってはうれしくありません。香料は毒性の強いものも多く、人間でも刺激になる方がいますが、ねこにとってはなおさら強烈です。

植物や香りアイテムは、ねこには毒性が強いものも

アロマオイルなども、天然の植物原料だからといって油断できません。精油とは植物から抽

出した濃度の濃い薬物です。ねこは植物性脂質代謝の機能が一部ありませんので、それが致命的な毒になることがあります。獣医師が医療行為として使う以外は注意が必要です。

観葉植物も油断大敵。ねこが葉などを口にすると、下痢や嘔吐をはじめ、場合によっては命の危険にさらされる植物も山ほどあります。特に毒性の強いユリを筆頭に、アイビー、ポトス、朝顔、アジサイ、ポインセチアなどなど、定番人気の花やグリーンも多数含まれています。

ねこは草を見るとかじりたくなるので、毒性がない植物でも、ねこが通る場所には、植物は置かない、または触れさせない工夫をすることです。うちでは、インテリア用の「鳥かご」の中に毒性のない観葉植物を飾っています(外に出ているものはフェイクグリーン)。こうすれば安心ですし、見た目もなかなか素敵ですよ。ねこがかじる可能性がある場所にグリーンがほしい場合は、フェイクグリーンを置くと良いでしょう。

おわりに

空前のねこブームだそうですが、ペット問題に長く取り組んできた私としては、少し複雑です。「適正飼養のための環境整備」について誤解を招くような情報も多いからです。

ねこアイテム満載なお宅がメディアで頻繁に紹介され、素敵なお宅であっても「ここまでやらなくちゃならないの？」と飼主さんたちが思考停止になりがちなのです。室内飼育は難しそうだし、コストが高そうだから、いろいろとあきらめよう、と。

現在、日本中で「殺処分0」が叫ばれていますが、行政により殺処分されるほとんどが子ねこです。

不幸な子ねこたちを救うには、少数の篤志家が大量にねこを保護するのではなく、ごく普通のご家庭が1匹ずつでもねこを迎えて、室内で楽しく健康に暮らすことのほうが効果的で社会的な問題も少ない、というのが私の持論です。

ですから、飼育や室内整備は無理とあきらめている方には、「広くなくても工夫次第です」「工事が必要なことばかりではないです」と、これまで啓発活動をしてきました。

もう少し効果的に伝えたいな、と考えている時に、この本のお話が来ました。

「実例を示しながら、家づくりを検討している方はもちろん、現在の自宅にも活用できるようなヒントを提示できれば」と。


この本では、そんな私の活動を支援してくださるお施主様方が、「我が家が適正飼養の啓発の一助になれば」と一肌脱いでくださいました。

ねこたちも「こんなふうに使ってるよ」と、積極的に撮影に協力してくれました。ねこは、来客はもちろんカメラも苦手なはずなのに！

彼らのお家環境がいかに快適で安心していられるか、体現してくれたのだと思います。

もちろん、カメラマンの貝塚さんの人徳と力量のおかげでもあるのですが（悔やまれるのは、我が家の「常務取締まられ役」の「ふく」が、撮影当日に珍しくヘソを曲げ、念願のツーショットが撮れなかったこと。うちのコだって、かわいいのにな……）。

この本を手にとっていただいた方が、ねこたちの楽しい様子を楽しみながらも「これなら自宅ですぐに使えるかも」と思っていただければ幸いです。

根気よく待ってくださった深澤さん、丁寧に話を拾ってくださった粕谷さん、援護くださった大脇さん。そして、多大なるご支援を賜ったねこたちとそのご家族の皆さんに、深く感謝申し上げます。

2017年7月　金巻とも子

ブックデザイン　金澤浩二（Genialoide）
構成　粕谷久美子
写真　貝塚純一、大脇幸一郎
校正　土橋洋平・青木穂波（亀井工業HD）
DTP　坂巻治子
編集　深澤晴彦（亀井工業HD）
編集統括　吉本光里（ワニブックス）

ねこと暮らす家づくり

著者　金巻とも子

2017年9月13日　初版発行

発行者　横内正昭
編集人　青柳有紀

発行所　株式会社ワニブックス
〒150-8482
東京都渋谷区恵比寿4-4-9　えびす大黒ビル
電話　03-5449-2711（代表）
　　　03-5449-2716（編集部）
ワニブックスHP　http://www.wani.co.jp/
WANI BOOKOUT　http://www.wanibookout.com/

印刷所　株式会社美松堂
製本所　ナショナル製本

定価はカバーに表示してあります。

落丁本・乱丁本は小社管理部宛にお送りください。送料は小社負担にてお取替えいたします。ただし、古書店等で購入したものに関してはお取替えできません。

本書の一部、または全部を無断で複写・複製・転載・公衆送信することは法律で認められた範囲を除いて禁じられています。

©Tomoko Kanemaki 2017
ISBN 978-4-8470-9605-1